Darstellung des Schrecklichen

Yassin Al-Haj Saleh

Darstellung des Schrecklichen

Versuch über das zerstörte Syrien

Aus dem Arabischen von
Günther Orth

Matthes & Seitz Berlin

Für Samira, wie stets,

und für Lokman, der das Schreckliche ebenfalls erleben musste

Inhalt

Der schreckliche Tod von Lokman Slim

Am Abend des 2. Februar 2021 erreichte mich folgende Nachricht von meinem Freund und arabischen Verleger Lokman Slim: »Könntest du einen letzten Blick auf ›Darstellung des Schrecklichen‹ werfen, bevor es ins Layout geht?« Gemeint war dieses Buch. Weiter schrieb Lokman: »Auf Seite 48 habe ich etwas angemerkt, das du bitte beachten mögest.« Und schloss mit dem Gruß: »Bis dann, *Salam*!«

Ich sah das Buch am folgenden Tag noch einmal durch und arbeitete Lokmans erwähnte Anmerkung ein. Aus irgendeinem Grund schickte ich ihm die korrigierte Fassung nicht noch einmal zurück, und wieder einen Tag später wurde Lokman in seinem Auto mit sechs Schüssen hingerichtet. Er war bei Freunden im Südlibanon zu Besuch gewesen und auf dem Weg nach Beirut, wo er mit seiner Familie in der südlichen Vorstadt Dahieh wohnte.

Wer Lokman ermordet hatte, war so eindeutig, dass seine Familie Ermittlungen der libanesischen Behörden, in denen die Mörder in hohen Posten saßen, ablehnte. Die libanesische Hisbollah, die für ihre Attentate berüchtigt ist, blickt auf eine lange Geschichte von Morden an politischen Gegnern und neuerdings auch an Gegnern des syrischen Assad-Regimes zurück. Und wie in Syrien seit über einem halben Jahrhundert geht auch bei der Hisbollah das Töten von Menschen untrennbar mit der Hinrichtung der Wahrheit einher. Der Schalldämpfer, der das Letzte war, was Lokman von dieser Welt sah, steht sinnbildlich für Tod und erzwungenes Schweigen, und Lokmans Schicksal war ein beredtes Beispiel für beides.

Gräueltaten richten Menschen und Menschenwerk zugrunde, sie vernichten das, was Menschen im freien Austausch miteinander ausgehandelt haben. Es gibt keine Wahrheit ohne Aushandlung und ohne Pluralität, ohne freien und abgesicherten Dialog. Außerhalb dessen steht das Attentat, steht eine »Wahrheit«, die auf Mord und Unterwürfigkeit beruht.

Der hasserfüllte Mord an Lokman gehört genau zu jenem Modell des Schrecklichen, dem dieses Buch nachgeht. Im ersten Teil geht es um die körperliche Beschädigung, im zweiten darum, wie man sie benennen und darstellen kann, was zweifellos pessimistisch stimmt, denn Gräuel entziehen sich einer Darstellung: Lokman stand noch in der Blüte seines Lebens, und jeder Versuch, sein Lebenswerk zu beschreiben, wäre verfrüht gewesen und hätte zudem jeden, der sich daran versucht hätte, in Lebensgefahr gebracht. Wir wissen gleichwohl – und auch Lokman wusste das –, dass das Böse nicht abwartet, bis man es benennt, um dann klein beizugeben. Ferner wissen wir, dass seine Benennung ein Teil unseres Kampfes mit ihm ist. Dieser Kampf hatte schon immer einen hohen Preis, und wer ihn führt, muss mit Folter und Härte rechnen und damit, ihn zu verlieren. Und immer mit dem Tod. Lokman ist mit seinem Leben und seinem Tod der Beweis dafür.

Wir können berichten, und unsere Geschichten sind furchtbar. Das heißt aber nicht, dass wir die Arbeitsteilung hinnehmen, die die Mächtigen uns diktieren wollen: dass wir berichten und sie töten. Sie töten uns ja gerade deshalb, damit wir nicht berichten können, und wir berichten, damit wir nicht getötet werden. Und die Zeit wird kommen, dass wir denen in die Arme fallen, die Schalldämpfer auf Pistolen schrauben.

Ich wollte dieses Buch meiner verschwundenen Frau Samira al-Khalil widmen. Diejenigen, die sie verschleppt haben, waren der libanesischen Partei des Todes sehr ähnlich; auch sie opfern Menschenleben auf dem Altar von toten und todbringenden Legenden. Nun widme ich es auch Lokman Slim, der das Schreckliche ebenso erfahren musste wie Samira – das Schreckliche, dem niemand in Syrien oder im Libanon entkommen kann, solange es fortbesteht.

Yassin al-Haj Saleh, Berlin, 16. März 2021

ERSTES KAPITEL

Die Produktion des Grauens

Liebe, Folter, Vergewaltigung und Vernichtung[1]

Nichts scheint weiter auseinanderzuliegen als Liebe und Folter. Liebe vereint uns mit einer anderen Person und schenkt uns Kraft und Vertrauen, während Folter uns von uns selbst trennt und uns aufs Äußerste schwächt und entblößt. In der Liebe treten wir aus uns selbst heraus in einen Geliebten, der uns ausfüllt; bei der Folter hingegen dringt ein Feind in uns ein, um uns unseres Innersten zu berauben. Mögen sich Liebe und Folter auch in jeder anderen Hinsicht voneinander unterscheiden, gleichen sie sich doch darin, dass es sich bei beiden um eine Beziehung zwischen zwei Parteien handelt. Und diese Beziehungen haben etwas gemein, was sie beide beleuchtet: Sie heben die Grenzen zwischen den beiden direkten Protagonisten der Beziehung auf.

LIEBE

In der Liebe geben wir unsere Grenzen auf und erlauben dem geliebten Menschen, sie zu überschreiten und in unsere Welt einzutreten. Seinerseits erlaubt uns auch der Geliebte, seine Grenzen zu überschreiten und in seinen Bereich einzutreten. Gemeint sind nicht nur körperliche Grenzen, sondern auch die Grenzen des persönlichen Raums. Liebe ist die Auflösung beider Arten von Grenzen und das Aufgehen mit dem Geliebten in einem einzigen Wesen, das sich meist auch durch Zusammenleben manifestiert. Doch indem das Trennende zwischen ihnen verschwindet, entsteht zugleich ein Unterschied zwischen den eins gewordenen

Liebenden und allen anderen, einschließlich ihrer jeweiligen früheren Familien. Wir waren zwei und sind nun eins, und zugleich lösen wir uns aus unseren zuvor bestehenden Einheiten oder verlassen mit der Liebe gegebenenfalls die zuvor gelebte Einsamkeit.

Zu den netten Alltäglichkeiten der Liebe gehört es, dass die Liebenden über ihre Bekannten herziehen, bis hin zu den eigenen Geschwistern und Eltern, und sie gehen darin weiter, als es selbst unter engen Freunden üblich ist. Zu den Tücken der Liebe hingegen gehört es, dass solche kleinen Geheimnisse ausgeplaudert werden können oder dass einer der Liebenden sie gegen den anderen einsetzt, wenn die Beziehung zerbricht und neue Grenzen zwischen beiden entstehen. Dies macht die Liebe prekär, und so scheuen wir uns, die Grenzen zum Geliebten wirklich aufzugeben, aus Angst, schwach dazustehen. Wir gehen einen Schritt auf ihn zu und weichen wieder einen Schritt zurück oder erlauben das Aufheben der Grenzen nur zeitweise, beim Sex etwa, sodass ebendiese Momente zu einem Symbol der Grenzen anstatt ihrer Aufhebung werden.

Der Gipfel der Liebe ist das, wovon wir in arabischen Liebesliedern hören: das Verschmelzen, das völlige Verschwinden der Grenzen zwischen zwei Liebenden. Dies beschränkt sich nicht auf die Momente der sexuellen Vereinigung, sondern es bestimmt auch das Zusammenleben von Liebenden über einen langen Zeitraum. In jedem Fall ist die Liebe ein gemeinsames Überschreiten von Grenzen und die wechselseitige Auflösung des »Andersseins«. Das »Verschmelzen« ist dabei der Verlust der Selbstbeherrschung und der eigenen Grenzen, und genau davor haben viele von uns Angst, zumal in einer Zeit, in der einige von uns ihre Grenzen überallhin mit sich herumtragen wie Schildkröten ihren Panzer (auch wenn wir heute schnelle Schildkröten sind), sodass die Liebe zugunsten von Beziehungen, die von rationaler Übereinkunft geprägt sind, fast verschwindet. Wir wollen zwar Liebe, aber wir scheuen das Verschmelzen.

FOLTER

Auch in der Folter werden Grenzen aufgehoben. Der Folternde überschreitet die Grenzen des oder der Gefolterten und legt damit Hand an an die körperliche Integrität des Opfers. Der Folterer verfolgt den Gefolterten in sein Innerstes, um dieses zu entleeren, zu besetzen und zu zerstören.

Die Aufhebung der Grenzen bei der Folter ist ein gewaltsamer Übergriff, der tödlich enden kann. Das Opfer stirbt, wenn es alle seine Grenzen verliert, wenn jede Grenze zwischen ihm und der Welt der Dinge verschwindet. Der Übergriff ist gewalttätig und erfolgt gegen den Willen des Gefolterten, doch niemals ist er wechselseitig. Der oder die Gefolterte ist in der Folterbeziehung, die eine »Nicht-Beziehung« beziehungsweise eine »Anti-Beziehung« oder eine Vernichtungsverbindung ist, kein Partner. Der Gefolterte ist in höchstem Maße exponiert. Er ist im Begriff, den Besitz seines Selbst zu verlieren, und sein Körper ist Schauplatz eines Kampfes. Der Gefolterte leistet Widerstand und versucht, seine Grenzen durch Erduldung zu schützen. Er kann kaum glauben, in die unumkehrbare Situation, in der er sich befindet, geraten zu sein. Aber er muss es glauben, um den Kampf als Vereinzelter durchzustehen und von seinem Körper und seinem Inneren so viel zu retten, wie er kann. Er weiß: Wenn er nicht standhält, fallen seine Grenzen, verliert er sein Selbst, und er wird es womöglich nie wieder finden.

In der Liebe verlieren zwei Personen ihr Wesen, um zu einem zu werden – bei der Folter verliert der Gefolterte sein Wesen und wird einer oder mehreren anderen Personen gegenüber, die gleichsam ihr Wohl an die Zerstörung des Opfers geknüpft haben, rechtlos.

~

Mit Blick auf die Erfahrung zweier Generationen in Syrien könnte man zwischen drei Arten der Folter und drei Weisen der Grenzüberschreitung unterscheiden: die »Ermittlungs-« beziehungsweise »Verhörfolter«, die »Demütigungs-« oder »Rachefolter« und die »Vernichtungsfolter«.

Die »Verhör-« oder »Ermittlungsfolter« spielt mit den Grenzen des Opfers und verletzt sie; sie legt es auf einen »Bruderkrieg« im Inneren des Gefolterten an: auf einen Kampf zwischen seinem individuellen Überlebensinstinkt und den übergeordneten Verpflichtungen gegenüber seiner Gemeinschaft, seinen Genossen und Partnern, die er als soziales Wesen hat. Am Ende dieses inneren Kampfes opfert der Gefolterte entweder das Übergeordnete und auf andere Bezogene zugunsten des Untergeordneten und Egoistischen in sich (sein Überleben), oder er nimmt den eigenen Tod in Kauf, um das zu schützen, was im Arabischen *sarira* heißt: das Innerste (wörtlich »Geheime«). Das Ziel des Folterers, genauer gesagt das »Programm«, das seine Arbeit bestimmt, ist es, den Gefolterten zu beherrschen, seine Grenzen zu durchbrechen, sein Innerstes zu besetzen und darin frei schalten und walten zu können, es zu entleeren und sich seines Wesens zu bemächtigen. Der Gefolterte versucht, dies zu verhindern, indem er sein Selbst beschützt.

Einer solchen Folter wurden die Mitglieder oppositioneller politischer Organisationen unterzogen, die das Regime vernichten wollte, ohne notwendigerweise alle Mitglieder

der Organisationen vernichten zu wollen. Das Verbrechen der Gefolterten lag darin, dass sie sich politisch gegen das Regime gestellt und sich einer oppositionellen Vereinigung angeschlossen hatten, nicht aber unbedingt darin, dass sie selbst eine Tat begangen hatten.

Nach den Verhören wurden in den Achtziger- und Neunzigerjahren des 20. Jahrhunderts die Häftlinge, die einer Ermittlungsfolter unterworfen worden waren – darunter ich –, in »gewöhnliche« Gefängnisse verlegt, in denen es nur noch eingeschränkt körperliche Bestrafungen gab. Wir blieben jedoch auch dort von den übrigen Gefangenen isoliert – auf Anordnung desselben Haft- und Folterapparats, der uns zuvor hatte foltern lassen. Diese Gefängnisse waren eine Art Verwahranstalt, in der wir für unbestimmte Zeit geparkt wurden. Die Sicherheitsabteilungen dagegen, die für Verhaftung und Folter sorgten, waren so etwas wie Fabriken, in denen, wie im nächsten Kapitel dargelegt wird, Macht »produziert« wurde.

Eine weitere Form der Ermittlungsfolter ist darauf ausgelegt, die Betroffenen als Teil einer Organisation *und* als Personen zu vernichten. In meiner Generation in Syrien waren vor allem die Islamisten davon betroffen. Hier ging es nicht mehr nur darum, einen inneren Kampf im Opfer auszulösen, sondern das Innerste derer, die nicht starben, dauerhaft zu besetzen. Die Grenze zwischen Ermittlungs- und Demütigungsfolter war hier aufgehoben.

Diese zweite Art der Folter, die »Demütigungsfolter«, kam in Syrien am häufigsten vor: eine Folter um der Rache und der Erniedrigung willen, beständige und zugleich willkürliche Angriffe, die weder auf die Grenzen des Gefolterten, auf sein Inneres achteten noch auf den Ausgang der Folter, wodurch sich der Gefolterte in einem ständigen »Ausnahmezustand« befand, in dem er nicht wissen konnte, was ihm noch widerfahren würde. Informationen erhoffte sich der Folterapparat dadurch keine zu gewinnen. Auch hier bestand das Vergehen des Gefolterten in keiner bestimmten Tat, nicht einmal in seiner oppositionellen Haltung, sondern allein in seiner Zugehörigkeit zu einer Gruppe. So besagte ein Gesetz vom 7. Juli 1980, dass jeden die Hinrichtung erwarte, der den Muslimbrüdern angehöre, unabhängig davon, was er getan oder nicht getan habe.

In einem solchen Fall half dem Gefangenen nicht einmal mehr Unterwerfung. Er erlitt, bis hinein in die letzten beiden Jahrzehnte des 20. Jahrhunderts, mitunter über Jahre tägliche, willkürliche Folter, ohne dass er hätte kapitulieren und dadurch seiner Folter ein Ende hätte setzen können. Seinen Tod nahm man billigend in Kauf.

In Folteranstalten wie Palmyra unter Hafiz al-Assad oder Saydnaya unter Bashar al-Assad wurde beziehungsweise wird eine Folter praktiziert, die, wie ich vermute, dazu dienen soll, den Opfern unauslöschlich in Erinnerung zu bleiben. Sie geht jedoch zugleich über den jeweils Gefolterten hinaus, indem ihre abschreckende und angsteinflößende Wirkung auf die gesamte Bevölkerung abzielt. Der gekrümmte Körper des ehemals Gefolterten und sein Stammeln sollen wie ein Propagandaschild wirken und damit jede Anteilnahme verhindern.

Folter ist so gesehen eine politische Beziehung, innerhalb derer die Gefolterten lediglich ihre sichtbaren Opfer darstellen. Zumindest gilt dies für *Suriya al-Assad*, das Syrien unter Assad, das seit seiner Entstehung zu Beginn der Siebzigerjahre ein Polizei- und Folterstaat ist, der bedingungslosen Zugriff auf die Körper seiner Untertanen beansprucht. Das damit einhergehende »Programm« besteht darin, dass man die Gesellschaft grenzenlos durchdringt, was besonders viele Syrer Ende der Siebziger- und zu Beginn der Achtzigerjahre zu spüren bekamen. Als die Durchdringung zum Normalzustand geworden war, schreckte das Regime schließlich immer weniger davor zurück, auch andere, noch entsetzlichere Übergriffe zu begehen.

Ich spreche von Folteranstalten, weil es in erster Linie Folter ist, die in diesen Gefängnissen praktiziert wird. In Syrien gab es nie Arbeitslager wie in Nazi-Deutschland oder in Russland unter Stalin, ebenso wenig gab und gibt es »Filtrationslager«, in die zunächst alle Verhafteten eingeliefert werden, bevor die Behörden entscheiden, welche Personen davon sie behalten wollen, um sie zu töten oder zu foltern, wie Russland es in Tschetschenien in der zweiten Hälfte der Neunzigerjahre handhabte. Nichtsdestotrotz ähneln die Folteranstalten unter Assad nationalsozialistischen Vernichtungslagern insofern, als dass die Einlieferung von Häftlingen auch hier bedeutet, dass man sie entweder sofort oder später ermordet. Saydnaya ist zugleich Haft-, Folter- und Mordanstalt, und nichts anderes war das Gefängnis von Palmyra in den letzten beiden Jahrzehnten des vergangenen Jahrhunderts.[2]

In beiden Fällen – Saydnaya wie Palmyra – zeigt sich eine Kontinuität zwischen der Inhaftnahme und einer extremen Ermittlungsfolter einerseits und einem Folterlager andererseits, in dem Gefangene, bis zum Tod oder bis sie nach Jahren als zerstörte Menschen entlassen werden, teilweise über zwanzig Jahre verbringen – obgleich die beiden Orte, an denen dies geschieht, räumlich voneinander getrennt sind.

Die Frage, die sich im Falle einer solchen Mordanstalt stellt, ist die, warum man Menschen überhaupt noch foltert und demütigt, die wahrscheinlich früher oder später ohnehin hingerichtet werden. Dieses Paradoxon hat schon manchen Genozidforscher beschäftigt. Es scheint jedoch, dass die Folter weniger auf die Gefolterten als auf die Folterer selbst abzielt. Folterer sollen jede Empathie mit Gefolterten vermeiden und gänzlich in der Rolle des Mörders aufgehen. Das Ziel ist vermutlich, diejenigen »die diese ›Maßnahmen‹ ausführen [müssen], vorzubereiten; [...] sie zu ›konditionieren‹ [...], [u]m es ihnen zu ermöglichen, das zu tun, was sie dann« tun, so Franz Stangl, ein ehemaliger Kommandant der KZs Sobibor und Treblinka.[3] Der Zweck besteht demnach darin, sicherzugehen, dass die Folternden zu Folterspezialisten werden, die in der Folter völlig aufgehen und die nicht mehr anders können, als dahin zu gehen, wo ihnen Körper angeboten werden, wo sie ihre Arbeit fachgerecht verrichten können. Eva Fogelman, die Stangl in ihrer Studie »Rape during the Nazi-Holocaust« zitiert, bezieht sich zudem auf Primo Levi, der zur Erklärung desselben Sachverhalts sagte: »Bevor das Opfer starb, mußte es erniedrigt werden, damit der Mörder das Gewicht seiner Schuld nicht so spürte.«[4] Die Folterbeziehung beschränkt sich daher nicht darauf, den Gefolterten seiner Subjektivität zu berauben, sondern sie greift auch über auf diejenige des Folterers, der dadurch zu einem reinen Marterinstrument wird.

Zugleich aber kann das Foltern auch als Beweis für Stärke und Mut gesehen werden, etwas, woran es Schwächlingen oder »Schwuchteln«, wie wir linken Gefangenen im Gefängnis von Palmyra 1996 genannt wurden, angeblich mangelt. Foltern ist ein Zeichen von Männlichkeit, von Macht gegenüber anderen Männern (auch wenn diese, wie alle Gefangenen, unbewaffnet und hilflos sind) und von der Zugehörigkeit zur stets siegreichen Seite, deren Gegner in jedem Fall im Unrecht sind / ein Verbrechen begangen haben und für ihr Vergehen büßen müssen. Verstärkt wird dies durch andere Folterer, die sich mit ihren Taten brüsten und sich Witze von der Todesangst von Gefolterten erzählen, welche die Kontrolle über ihren Körper verloren haben, vor allem aber auch dadurch, dass die Folterer von der übergeordneten Folteragentur, dem Staat, dafür belohnt, befördert und gewürdigt werden.

In jedem Fall stellt Folter eine dreiseitige Beziehung mit den Beteiligten Folteropfer, direktem Folterer und Folteragentur dar. Dabei bleibt zentral, dass die Folter, wie oben angesprochen, eine politische Beziehung ist, die auf die gesamte Bevölkerung abzielt, was rechtfertigt, von *Suriya al-Assad* als einem Folterstaat zu sprechen.

Die dritte Art der Folter ist die »Vernichtungsfolter«. Hier werden die Opfer massenhaft getötet und zuvor unter Umständen gehalten, die von Hunger, Krankheit, Überfüllung, Horror, Demütigung und verpesteter Luft in engen, stinkenden Zellen gekennzeichnet sind, sodass der Tod für die Gefolterten zur Sehnsucht wird. Für die Vernichtungsfolter ist eine Maschinerie zuständig, die die Verhaftungen ebenso organisiert wie die eigentliche Folter, das Töten, den Abtransport der Leichen und deren Bestattung in ungekennzeichneten Massengräbern sowie die Dokumentation dieser Vorgänge und die Berichte an übergeordnete Stellen. Der Vernichtungsapparat verfügt über Sicherheitsabteilungen, Kliniken und alte oder neu etablierte Gefängnisse, die seit Ausbruch der Revolution im Frühjahr 2011 zur Verwandlung des Regimes in ein Vernichtungssystem beigetragen haben. Ermittlung und Demütigung münden hier in Vernichtung. Anders als bei den beiden anderen Folterarten besteht das Vergehen des Gefolterten hier darin, was er *ist*, nicht darin, was er glaubt oder getan hat. In vielen Fällen genügt es sogar, aus einem aufständischen Gebiet zu kommen, um festgenommen und gefoltert und möglicherweise getötet zu werden.

Zu den Charakteristika der Vernichtungsfolter gehört, dass sie organisiert und permanent angewandt wird. Sie wird auch nicht dem Ermessen der jeweilig zuständigen Folteragentur anheimgestellt, sondern vermutlich hat diese a priori die Anweisung, alles zu tun, um die Aufständischen und Verdächtigen mit allen Mitteln zu vernichten und dabei keine Grenze einzuhalten. Wenn die Leichen der Gefolterten nummeriert und fotografiert werden und ihr Tod in Akten festgehalten wird, wie es in den *Caesar Files* zu sehen ist (55 000 Fotos von Ermordeten, die von einem Geheimdienstfotografen 2013 außer Landes gebracht wurden), so deutet dies auf eine organisierte Mordindustrie hin.[5]

Während die Ermittlungsfolter die Grenzen des Gefolterten und die Demütigungsfolter die der Gesellschaft überschreitet, so überwindet die Vernichtungsfolter Menschheitsgrenzen – sie stellt sich außerhalb des menschlichen Maßstabs. Diese Folter ist Teil eines Vernichtungskomplexes, der für gewöhnlich Genozid genannt wird. Wenn in einem Haftlager alles möglich ist, wie Hannah Arendt sagte und zum grundlegenden Prinzip des Totalitarismus erhob, so besteht jenseits des Lagers die vollständige Freiheit des Vernichtungsstaats, grenzenlos zu foltern und zu morden. Das Einreißen aller Grenzen impliziert, dass der Haft- und Mordagentur keinerlei Limits gesetzt sind.

An dieser Stelle empfiehlt es sich, die Unterscheidung heranzuziehen, die Samantha Falciatori zwischen »Tod unter Folter« und »Tod durch Folter« macht. Der italienischen Forscherin zufolge ist der Tod im ersten Fall eine Nebenwirkung der Folter, im zweiten dagegen die gewünschte Folge.[6] Im letzteren Fall ist die Folter eine Mordmethode – so wie das Anrichten von Massakern, das Abwerfen von Fassbomben oder Sarin –, mithin Vernichtung. Tod *unter* Folter hingegen setzt nicht unbedingt Vernichtungswillen voraus. Unter Bashar al-Assad wurde aus der Demütigungsfolter, wie sie noch unter seinem Vater üblich war, eine Vernichtungsfolter, aus Tod *unter* Folter wurde Tod *durch* Folter. Gab es zwar auch unter Hafiz al-Assad teilweise bereits Vernichtungsfolter (im Gefängnis von Palmyra und bei Massakern wie insbesondere demjenigen von Hama 1982), aber erst unter Bashar wurde sie allgemein üblich. Einher ging diese gezielte Vernichtung mit der seit dem Chemiewaffendeal von 2013 – geschlossen zwischen Russland und den USA und inspiriert von Israel – garantierten Straflosigkeit für die Täter.[7] Das Abkommen sah vor, dass das syrische Regime seine Chemiewaffen abgibt, ohne einen Vorbehalt gegenüber der Tötung seiner Beherrschten mit anderen Mitteln, ja, wie sich später wiederholt herausstellte, noch nicht einmal mit ebendiesen Chemiewaffen.

In all ihren drei Spielarten beseitigt die Folter etwas Grundlegendes: die Sprache. Durch Sprache wird der Mensch seiner selbst bewusst, durch Sprache drückt er sich aus. An die Stelle der Sprache tritt beim Gefolterten Schreien, also etwas, was wir mit Tieren gemein haben, sobald wir nur noch aus schmerzendem Körper bestehen. Der sprachliche Ausdruck ist gekoppelt an eine geschützte Distanz zwischen uns und dem, den wir ansprechen, an die Integrität unseres Körpers und seiner Abgrenzung zu dem, den wir ansprechen. Dementsprechend ist eine Voraussetzung von Sprache die Abwesenheit von Folter. Niemand kann sprechen, während ein anderer seinem Körper Gewalt antut. Wer Folter ausgesetzt war, verliert womöglich sogar endgültig seine Fähigkeit zu sprechen, selbst wenn die Folter beendet ist oder wenn er freigelassen wird: Man zieht sich schweigend in sich selbst zurück und ist später möglicherweise nicht einmal mehr zu einem Selbstgespräch in der Lage.

~

VERGEWALTIGUNG

Es gibt keine nicht demütigende Folter, auch wenn nicht jede Folter eine Demütigungsfolter im Sinne des Begriffs ist. Vergewaltigung aber ist Demütigung in Reinform. Was sie zum schlimmsten Verbrechen macht, ist, dass sie Folter im Gewand der innigsten aller Beziehungen ist. Eine vergewaltigte Frau erlebt eine Grenzaufhebung, die für sie – sofern sie zuvor Liebe oder Sexualität erfahren hat – bisher allein mit ihrem Partner/ihrer Partnerin erfolgte. Hatte sie bislang noch keine körperliche Beziehung, hat sie sich diese Grenzaufhebung zumindest mit einem Partner beziehungsweise einer Partnerin in der Zukunft vorgestellt. Bei der Vergewaltigung aber werden ihre Grenzen missachtet, ihr Körper wird ihr nicht nur ohne ihre Zustimmung und ohne ihr Zutun entrissen, sondern gewaltsam und gegen ihren Willen. Sie findet sich wieder in einem Zustand des maximalen Ausgeliefertseins.

In einer Formulierung, die an die Worte des jüdisch-belgischen Intellektuellen und Holocaustüberlebend Jean Améry erinnern, dass mit dem ersten Schlag während der Folter das Weltvertrauen zusammenbricht,[8] berichtet Nour, eine Syrerin aus Darʿā, in dem Dokumentarfilm *Syrie, le cri étouffé* von Manon Loizeau von ihrer Vergewaltigung wie folgt: »Als die erste Hand meinen Körper streifte, überkam mich das Gefühl, dass etwas in mir zusammenstürzt.« Es ist ein Einsturz der Grenze, wenn auch nach innen hin. Aber wie es in Nours Bericht weiter heißt, ging es über den Einsturz der Grenze hinaus. Sie erlebte eine Aufspaltung in mehrere Teile ihres Wesens: »Ich hatte Angst. […] Meine Gedanken gehörten nicht zu meinem Körper, mein Körper gehörte nicht zu meiner Seele, meine Seele war woanders, und mein Körper war in den Händen von Bestien. Meine Gedanken entflohen in eine andere Welt. In mir spaltete sich etwas auf. Alles fiel auseinander. Mein Denken, meine Erinnerungen und meine Seele verließen meinen Körper.« Als ob sie durch die Aufspaltung in Geist, Seele, Erinnerungen und Körper etwas von ihrem Selbst geschützt, etwas von ihrem Inneren nicht ausgeliefert hätte.

Die Vergewaltigung deckt mehr noch als die Folter selbst das Wesen der Letzteren als einer Grenzverletzung und gewaltsamen Besetzung des Innersten des Opfers auf, und gleichermaßen lässt die Folter als Grenzüberschreitung die Vergewaltigung grundlegend als Folter kenntlich werden. Und so wie die Folterung eines Mannes aus der Sicht des Folterers ein Akt der Männlichkeit *(rudjula)* ist, ist die Vergewaltigung einer Frau für den Täter ein Akt der »Mannhaftigkeit« *(fuhula)*. Mannhaftigkeit ist die sexuelle Seite von Männlichkeit, die wiederum allgemein das gesellschaftliche Bild eines reifen, mutigen und starken Mannes darstellt. Allerdings haben wir es hier mit einer wahrhaft verkommenen Männlichkeit und Mannhaftigkeit zu tun, denn gefoltert werden Wehrlose, und vergewaltigt werden hilflose, verängstigte Frauen.

Durch das erzwungene, gewalttätige Eindringen in den Körper der Vergewaltigten legt der Vergewaltiger Hand an ihr Inneres, ihr Wesen, an »ihren Geist, ihre Erinnerungen und ihre Seele«. Das Teuerste, was eine Frau besitzt, ist auch das Teuerste, was ein Mann besitzt: Geist, Erinnerungen und Seele, kurz: das eigene Wesen, und ebendies zerbricht beziehungsweise zersplittert, wenn sie vergewaltigt und ihr Inneres von einer äußeren, feindlichen Macht überfallen wird.

Über ein entsprechendes Zersplittern spricht auch Fauziya Hussein Khalaf aus al-Hula in jenem Film: »Als er mich vergewaltigte, war ich in zwei Welten zugleich.« In einer dieser beiden Welten blieb sie vermutlich Herrin über sich selbst, während sie in der anderen schutzlos ausgeliefert war. Dabei versuchte Fauziya zugleich vergeblich, sich für ihre Tochter zu opfern, denn auch diese wurde vergewaltigt und beim Massaker von al-Hula im Mai 2012 ermordet. Auch ihr Vater wurde getötet.

Einem Vergewaltigungsopfer ergeht es ähnlich wie einem Folteropfer: Sein Körper ist dem Peiniger ausgeliefert. Die Vergewaltigung jedoch geht darüber hinaus, denn der Täter raubt dem Opfer noch die Vorstellung von der Auflösung der Grenzen mit einer geliebten Person und vereinnahmt diese für sich. Eine solche missbräuchliche Grenzaufhebung verdinglicht die vergewaltigte Person und raubt ihr ihr Wesen.

Vergewaltigung ist zuvorderst ein Akt der Aneignung. Die Frau wird in Besitz genommen und kann, wie eine gestohlene Sache, nicht mehr darüber bestimmen, was mit ihr geschieht. Wenn der Vergewaltiger gewaltsam in den körperlichen Intimbereich einer Frau eindringt, verbleibt ihr kein Inneres, keine »Seele, kein Denken und keine Erinnerungen« mehr, sie wird zu einer Sache. Sie trennt sich von ihrem Körper und geht über in eine »andere Welt«, wie Nour sagt und wie Fauziya mit ähnlichen Worten bestätigt. So versucht sie, dem Vergewaltiger nicht »das Teuerste, was sie besitzt« – ihr Wesen –, zu überlassen, und nicht anders versucht der Gefolterte, den Folterer davon abzuhalten, sein Inneres zu besetzen.

Aber der Vergewaltiger will eine Frau ohne eigenes Wesen, ohne Freiheit, Selbstbestimmung und Wahl. Die Vergewaltigung als eine Mischung aus Unterwerfung und Sex erweckt im Täter die Fantasie von einer Frau in seinem Besitz, von einer Sklavin, von der keine Anerkennung erwartet wird. Durch die Vergewaltigung in einer Situation, die ihm absolute Überlegenheit und Macht garantiert, verschleiert der Vergewaltiger seine sexuelle Verunsicherung, wie Eva Fogelman in ihrer erwähnten Untersuchung anführt.[9] Er testet seine Männlichkeit und bestätigt sie sich selbst, ohne sich um eine Anerkennung vonseiten der Vergewaltigten sorgen zu müssen, der das Sprechen ebenso verwehrt ist wie jede Bewegung oder auch nur ein abschätziger Blick. Er erträgt keine Frau, die nicht in dieser Weise ihrer Freiheit beraubt ist und die ihre Eigenständigkeit nicht verloren hat. Auch hier geht es um eine Nicht-Beziehung, eine Anti-Beziehung, eine zerstörerische Beziehung. Dass das Töten von Männern bei Genoziden mit der Vergewaltigung von Frauen einhergeht (Srebrenica, Darfur und die Jesiden von Sinjar sind Beispiele aus der jüngeren Geschichte), legt den Gedanken nahe, dass Vergewaltigung eine Art Mord oder eine Vervollständigung dessen darstellt. Männer werden gefoltert und getötet, weil sie potenzielle Kämpfer und potenzielle Konkurrenten um Frauen darstellen, welche die Mörder für sich allein haben wollen.

Die Vergewaltigung ist auch ein Machtakt: Sie demonstriert, wer überlegen ist und wer die Macht und das Sagen hat, wer »den Blick hat« und wer der Unterlegene ist, der Schweigende, dessen Blick gebrochen ist, wer der Mann ist und wer die Sklavin, wer den Körper besetzt und wer diesem Körper in eine »andere Welt« entflieht. Als der vierte Vergewaltiger von Nour zum fünften sagte: »Mach weiter, ist schon okay!«, während sie heftig blutete, implizierte dies, dass ihr kein eigenes Wesen zukomme, dass man ihre bereits blutenden Grenzen weiter verletzen könne und dass ihr Leben gerade noch den Zweck erfülle, sie zu vergewaltigen.

Die Mischung aus Macht und Besitz ergibt eine Herr-Knecht-Beziehung, in der der Herr das Recht auf die Vergewaltigung seiner Sklavin(nen) hat. Der Unterschied zwischen einem Assad-Herrn und einem IS-Herrn ist der Unterschied zwischen zwei Systemen sexueller Versklavung. Zusätzlich zu einer, in den Worten von Falciatori, »Theologie« der Vergewaltigung, die Letztere religiös legitimiert, hatte im IS-System jeder Herr eine oder mehrere Sklavinnen, die er zu jeder Zeit vergewaltigen oder verkaufen konnte, wohingegen die Assad-Sklaverei regelloser auftritt und einer Frau mitunter fünf oder mehr Vergewaltiger zuführt, wie es Nour geschah, oder den Tag der Peiniger so aufteilt, dass diese nachts die Frauen vergewaltigen, die sie tagsüber foltern, wie Maryam Khleif in dem Film *Syrie, le cri étouffé* sagt.

Der IS richtete sogar einen Markt für geraubte jesidische Frauen ein, mithin für sexuelle Sklaverei (und tötete jesidische Männer im kampffähigen Alter – ein quasi laborhaftes Beispiel für Genozid). Es kam vor, dass eine Frau auf diesem Markt, auf dem IS-Milizionäre die Preise festlegten, mehrfach gekauft und verkauft wurde.[10] Dahingegen beschränkten sich Waren auf Assad-Kriegsmärkten auf von Soldaten geplünderten Hausrat – auch wenn der Name, der für solche Basare ersonnen wurde, genozidal klingt: »Sunnitenmarkt« – sowie auf den Handel mit Informationen zum Verbleib von Gefangenen, durch deren Verkauf staatliche Agenten seit Faisal Ghanim, dem Gefängnisdirektor von Palmyra in den Achtzigerjahren,[11] bis heute Millionen kassieren.

Auch hier handelt es sich um eine Drei- oder Vierecksbeziehung. Der Vergewaltiger, die Vergewaltigte, die Vergewaltigungsagentur, die vom Vergewaltiger unbedingte Loyalität verlangt, und schließlich das Umfeld und die Gesellschaft der Vergewaltigten, aus der sie kommt und die vereinnahmt und in ihrem Kern zerstört werden soll. Maryam Khleif sagt: »Ich bin einsam. Ich sitze hier [in einem im Film nicht benannten Nachbarland Syriens] und habe niemanden.« Wegen ihrer Vergewaltigung hat ihr Mann sie verstoßen und ihre Mutter sie »rausgeworfen«.[12] Vereinzelung und Einsamkeit, wenn nicht Mord, ist das Schicksal solcher Frauen – so etwa dasjenige von Alwa aus Darʿā, die vom eigenen Vater offenbar wegen ihrer Vergewaltigung ermordet wurde. Genau das bezweckt die Vergewaltigungsagentur, und das Patriarchat, das Frauen auf ihren Körper reduziert, begünstigt es. Die zuvor jungfräuliche Alwa wurde zweimal getötet: als die Assad-Schergen sie vergewaltigten und als ihr Vater sie ermordete.

Auch abgesehen von den Dominanzaspekten Besitznahme und Bemächtigung handelt es sich bei der Vergewaltigung letztlich um keinen sexuellen Akt. Der Geschlechtsakt ist im Kern ein intimer Vorgang. Er mag für die Frau oder auch für den Mann unbefriedigend sein, wie es in unseren Gesellschaften im Eheleben oder in der Liebesbeziehung nicht selten der Fall ist. Womöglich wird die Frau von ihrem Partner sogar dazu gedrängt oder gezwungen, aber Vergewaltigung ist nicht nur Zwang zum Geschlechtsverkehr, sondern ein Akt der Aggression, der völlig frei von Intimität ist. Ein Beleg dafür ist, dass sich nicht selten mehrere Täter gemeinschaftlich an einem Vergewaltigungsopfer vergehen. In Bosnien taten dies serbische Soldaten und Milizen, so erging es Tutsi-Frauen in Ruanda, wenn sie der Armee oder den Hutu-Rebellen in die Hände fielen, und so geschah es in Darfur unter Dschandschawid-Milizen. All diese genozidalen Akte zeichnen ein Bild dessen, was gemäß den Berichten vergewaltigter Frauen in der genannten Dokumentation *Syrie, le cri étouffé* auch in Assads Gefängnissen geschieht.

Vergewaltigung ist eine verbreitete Kriegswaffe, die in vielen Vernichtungsfeldzügen zur Anwendung kam, in denen Frauen von Kämpfern zum Sex gezwungen wurden, die ihre Gesellschaft zerstört und möglicherweise ihre Familien getötet hatten. Der tabulose Umgang mit Vergewaltigten beschränkt sich nicht auf sexuellen Zwang in einer für die Frau ausweglosen Lage, sondern erstreckt sich auch auf eine Partnerschaft der Vergewaltiger, die gemeinschaftlich die Integrität ihres Opfers zerstören. Dies scheint ein Zusammengehörigkeitsgefühl bei den Vergewaltigern zu begründen und sichert ebenso ihre gegenseitige Loyalität, wie es die Zerstörung der Gesellschaft der Vergewaltigten bezweckt.

Der einer Vergewaltigung zugrundeliegende Vernichtungscharakter tritt bei der Vergewaltigung von Männern noch deutlicher zutage, denn hier geht es nicht um den Beweis einer Männlichkeit, den der Vergewaltiger unter für ihn günstigen Bedingungen antritt. Und noch ungeschminkter zeigt sich das Genozidale in der Vergewaltigung von Männern vermittels von Objekten. Ein persönlicher Bericht von Mazen Hamadeh darüber findet sich in Ossama Mohammeds und Wiam Simav Bedirxans Film *Silvered Water,*[13] worin auch eine Szene von der Schändung eines Jungen mit einem Stock zu sehen ist. Unverstellt geht es hier um eine Demonstration von Macht und Besitz, ohne jeden Bezug zu einem sexuellen Genuss oder einer Untermauerung der Männlichkeit des Vergewaltigers. Ein solcher Genuss mag bei der Vergewaltigung eines Jungen oder eines Mannes denkbar sein, aber es gibt keine persönlichen Berichte, die dies belegen würden. Vielmehr rücken solche Schilderungen die Verbrechen in die Nähe von Vernichtung und Mord, und auf nichts anderes deutet es hin, wenn Gefangene gezwungen werden, sexuelle Übergriffe aneinander zu begehen. Ein derartiges unbegreifliches Verhalten grenzt an physische Vernichtung, wie im Bericht von Amnesty International über das Gefängnis von Saydnaya von 2017 nachzulesen ist.[14] Auch was Primo Levi über die Herabwürdigung von Gefangenen vor ihrer Ermordung sagt, damit die Mörder keine Schuldgefühle bekommen, mag hierzu passen.

Insoweit Vergewaltigung auf die Zerstörung einer Gemeinschaft zielt und insoweit Vergewaltigung von einer übergeordneten Vergewaltigungsagentur, also dem Staat, angeordnet und vollzogen wird, gleicht Vergewaltigung hier einem Vernichtungsakt, der unter die Kategorie Genozid fällt. Vernichtungsfolter und Vergewaltigung von Frauen sind insofern zwei sich ergänzende Seiten des Genozids, als die Beeinträchtigung der Fortpflanzungsfähigkeit einer Frau, die auf eine Vergewaltigung meist folgt, zusammen mit dem Töten der Männer dazu beiträgt, die betroffene Gemeinschaft zu zerstören. Vergewaltigung ist aufgeschobener Mord und zielt auf die Gebärfähigkeit von Frauen, also auf die Verhinderung der biologischen Reproduktion der betroffenen Gruppe.

~

KÖRPERPOLITIK

Was Liebe, Folter und Vergewaltigung gemeinsam haben, ist die Zentralität des Körperlichen. Wir lieben mit unserem Körper, wir werden gefoltert, weil wir einen schmerzempfindlichen Körper haben, und wir werden getötet, indem unser Körper zerstört wird. Auch bei der Vergewaltigung, die unsere Liebesfähigkeit, unsere Befähigung, Sex zu haben, und unsere Fortpflanzungsfähigkeit erheblich berührt, wird unser Körper misshandelt.

Ein Folterstaat von der Art, wie wir ihn in Syrien seit einem halben Jahrhundert kennen, übt direkte Macht über die Körper aus. Er entzieht den Bürgern das Besitzrecht an ihren Körpern und übergibt dieses an führende Beamte der Agentur eines »legitimen Gewaltmonopols«, deren oberstes Ziel der Machterhalt »auf ewig« ist. Im Arabischen besteht eine strukturelle Verwandtschaft zwischen den Worten *abad* (»ewig«) und *ibada* (»Vernichtung«), als ob das eine ohne das andere nicht möglich wäre. Eine auf Ewigkeit angelegte Politik ist, um mit Timothy Snyder zu sprechen (wenn auch in einem anderen Zusammenhang[15]), Vernichtung. Mit Vernichtung kann jede kollektive Zerstörung von Körpern in unterschiedlichen Formen bezeichnet werden. Neben Folter und Vergewaltigung können dies Belagerung, Aushungerung, Beschuss mit Giftgas oder der Abwurf von Fassbomben, Hinrichtung in Gefängnissen und Sicherheitsabteilungen und so weiter sein.

Eine politische Geschichte der Körper der Bürger Syriens wurde noch nicht geschrieben, und noch hat niemand systematisch darüber nachgedacht, was es bedeutet, wenn menschliche Körper in der beschriebenen Weise ihrer Privatsphäre beraubt werden. Oft wird über den Schleier *(hijab)* diskutiert, den die Islamisten als »schariagerecht« bezeichnen und der das Haar von Frauen, zuweilen auch ihr Gesicht und ihren gesamten Körper, bedeckt, wenn ihnen nicht ohnehin verwehrt wird, das Haus zu verlassen. Kaum jemand vergisst dabei, auf das Paradoxon zu verweisen, dass in den Fünfziger- und Sechziger- sowie bis hinein in die Siebzigerjahre des 20. Jahrhunderts städtische Frauen in Syrien ihre Gesichter noch offen zeigten und ihre Namen öffentlich nannten, während die meisten von ihnen heute Kopftuch tragen. Und obwohl sich ein historischer Zusammenhang zwischen dem zunehmenden Foltercharakter des

Staates und der Verschleierung von Frauen weder in Syrien noch im gesamten Nahen Osten schwerlich übersehen lässt, gibt es dennoch kaum ernstzunehmende Studien darüber. Kaum leugnen lässt sich gleichzeitig jedoch eine Beziehung zwischen religiöser Besessenheit und Körperverhüllung einerseits und einem machttotalitären Wahnsinn und einem Sich-Vergreifen an den Körpern der Bürger andererseits. Den weiblichen Körper zu kontrollieren, stellt die letzte Bastion der Macht von Vätern und Brüdern dar, die die Gewalt über sich selbst im öffentlichen Raum verloren haben. Frömmigkeit ist somit notwendig, um die Sexualität von Mädchen, Ehefrauen und auch Söhnen zu dominieren.

Mag vielleicht auch keine direkte kausale Beziehung bestehen, zu beobachten ist dennoch ein Zusammenhang zwischen der Demütigungsfolter in den Achtzigerjahren und dem zunehmenden Kopftuchgebrauch bei Frauen sowie zwischen der Vernichtungsfolter ab 2011 und einer zunehmenden schwarzen Ganzkörperverhüllung. Es gab und gibt zwar in beiden Fällen eine Gegenbewegung von Frauen, die die Verschleierung zurückzudrängen versucht(e), aber sie hat(te) es mit zwei Gegnern zu tun: einem Folter- und Vergewaltigungsstaat sowie einem nihilistischen, herrschsüchtigen Islamismus. Nichtsdestotrotz existiert nach wie vor ein vielfältiger Widerstand. Maryam Khleif und Fauziya Hassan zeigen sich mit Namen und Gesicht, auch wenn sie ihr Haar bedecken, und sie berichten offen davon, dass sie vergewaltigt wurden. Sie sind ein Beispiel für heldenhaften Widerstand, das wert ist, festgehalten zu werden und das einen Platz in der Geschichte des Kampfes syrischer Frauen und der Syrer insgesamt verdient.

Einem der beiden Facetten der Körperpolitik, Folter und Schleier, zu entkommen, ist jedenfalls nicht vorstellbar, ohne beides hinter sich zu lassen. Die Überschreitung der

Grenzen von Körpern, Gesellschaft und Menschlichkeit ist eine Herrschaftsmethode, die ihrerseits keine Begrenzungen akzeptiert. Hier dem Staat Grenzen zu setzen und ihm nicht zuzugestehen, sich an Einzelnen, der Gesellschaft und der Menschheit zu vergreifen, verleiht dem Kampf der Syrer Sinn und Tragweite. Unsere Körper müssen geschützt sein, damit wir nicht gefoltert und vergewaltigt werden können. Die Würde unserer Körper muss geschützt sein, damit diese wiederum den Schleier durchdringen und allgemeine Anerkennung erfahren können. Unsere Körper dürfen keiner Bedrohung ausgesetzt sein, damit sie vereint handeln und entscheiden können. Und wir müssen trauern können, damit wir eine Gesellschaft bleiben und die Vergangenheit vergehen lassen können. Damit wir zu Menschen mit einer Geschichte werden und der Ewigkeit entkommen.

Die politische Dimension der Folter

Es mag unmöglich sein, eine grundlegende Situation oder Beziehung zu abstrahieren, in der böses Handeln sich so sehr verdichtet, dass alle andere Formen des Bösen sich daraus ableiten lassen. Dennoch eignet sich die Folter als Ausgangspunkt für eine Untersuchung des Bösen besser als andere, ebenfalls als konsensuell böse aufzufassende Praktiken. Denn wenn es böse ist, jemandem wehzutun, dann ist Folter – diese vorsätzlich und beharrlich geübte Form des Zufügens von Leid, bei der Energie, Zeit und Leidenschaft aufgewandt werden, um jemandem Schmerzen zu bereiten – grundlegend böse. Folter geschieht nicht aus Gedankenlosigkeit, vielmehr ist sie ersonnenes, erdachtes und geplantes, ja kreatives Leid, wie es der Begriff von der »Kunst der Folter« und die Geschichte der Folter über die Jahrhunderte belegen.[16] Folter ist insofern etwas grundlegend Böses, als sie Kreativität nutzt, um Leid zu verursachen, und als sie das Beste im Menschen, seine schöpferischen Fähigkeiten, dafür einsetzt, um dem Schlimmsten im Menschen zu dienen, nämlich andere Menschen zu zerstören.

Mord ist insofern schlimmer als Folter, als er irreversibel ist. Aber Mord kann aus »Heißblütigkeit«, ohne Nachdenken und Planung, begangen werden, während der Folternde sich notwendigerweise Gedanken macht und »Mühe« gibt und seine Arbeit beschwerlich sein kann. Zudem kann das Töten, eben weil es unumkehrbar ist, vom Getöteten nicht erinnert werden. Sowie dieser vergeht, vergeht mit ihm auch die Geschichte seiner letzten Momente. Folter hingegen erfolgt nicht aus irgendeinem heftigen und schwer kontrollierbaren Impuls heraus. Sie kann mit Mord enden oder auch nicht, aber in jedem Fall ist sie eine mühevolle Arbeit am Körper eines anderen, verbunden mit Hass und Stress in Seele und Körper aufseiten des Folternden. Und im Gegensatz zum Mord hinterlässt sie Erinnerungen bei denen, die ihr ausgesetzt waren (nicht immer aber bei denjenigen, die sie verabreichen, wohl weil es für sie eine gewöhnliche Praxis ist). Folter bleibt also erhalten – in der Seele, in der Gesellschaft und in der Welt.

Und während das Töten in vielen Ländern nach wie vor per Gerichtsurteil als Strafe für bestimmte Verbrechen angeordnet werden kann, scheint Folter in der heutigen Welt nirgendwo durch gerichtlichen Beschluss verhängt zu werden. Es gibt keine Staaten oder politischen Entitäten, in denen es zugleich Folter und politischen Pluralismus gibt, sowie es keine Staaten oder politische Entitäten gibt, die Folter dulden, ohne dass dies eine Gefahr für ihren politischen Pluralismus und somit für ihr politisches Leben insgesamt darstellen würde.

Mit körperlicher Gewalt wie Ohrfeigen, Schlägen oder Tritten, wie sie früher in Familien, Schulen oder Jugendlagern vorkamen, mit Züchtigungen also, die ihrerseits wiederum aus Wut oder Emotionen resultierten und die hier und da noch heute in unterschiedlichem Ausmaß praktiziert werden, ist Folter jedoch auch keineswegs zu vergleichen. Folter erfordert Folter*mittel*, sie wird inszeniert und kunstvoll praktiziert, und es gibt eine Autorität, die Folter anordnet und sie in den Augen des Folterers legitimiert. Es gibt keine unbeabsichtigte oder versehentliche Folter, so wenig wie sie als »vereinzelter Fehler« ohne höhere Entscheidung passiert. Folter mag, wie in Syrien, zur Routine werden, aber ihr zugrunde liegt eine ursprüngliche Folterabsicht, auf der das Regime basiert, und sie ist verwurzelt in einer das Land durchdringenden Folterstruktur: den Sicherheitsdiensten.

FORMEN VON FOLTER

Was passiert beim Foltern? Was ist Folter überhaupt? In ihrer einfachsten Form ist Folter eine durchdachte Gewalt, die eine Person oder eine Gruppe einer anderen Person antut, um ihr Schmerz zuzufügen und damit einen Zweck zu erreichen. Auf die Vorstellung von einer »kollektiven Folter« wird weiter unten noch näher Bezug genommen, aber im Grunde handelt es sich bei der Folter um eine Praxis, bei der das Individuum vereinzelt, von anderen isoliert, in seinen Körper eingesperrt und auf diesen reduziert wird. Wir werden in unsere Haut eingeschlossen, welche die Grenze unseres physischen Seins darstellt, und laufen Gefahr, dass sie oder wir nicht standhalten. Psychologisch gesehen steht bei der Folter aufseiten des Folteropfers Angst und aufseiten des Folternden Hass, der es diesem erleichtert, seinem Opfer Schmerzen und Leid zu bereiten.

Folter ist keine körperliche Strafe, deren Maß dem, dem sie auferlegt wird, zuvor bekannt ist, auch wenn es Folterpraktiken gibt – zum Beispiel die islamischen *Hudud*-Strafen –, bei denen jemand, der eine bestimmte Sünde begangen hat, etwa Alkoholgenuss oder Ehebruch, mit einer festgelegten Anzahl von Peitschenhieben bestraft wird. Es handelt sich dabei um Straffolter, also um eine Art von Folter, die geregelt und deren Umfang für gewöhnlich bekannt ist.

Für die übrigen Formen von Folter aber, wie wir sie aus Syrien kennen – Verhör- beziehungsweise Ermittlungsfolter, Demütigungsfolter und Vernichtungsfolter[17] –, ist kein Quantum festgelegt, und der vom Folternden bereitete Schmerz verbindet sich hier mit einer Angst um das eigene Leben, wie sie sich unweigerlich einstellt, wenn man als Opfer nicht weiß, wie weit die Folter gehen und ob sie überhaupt einmal aufhören wird. Keineswegs ist garantiert, dass die Folter nur bis an die Grenze dessen geht, was der Körper des Gefolterten zu ertragen imstande ist und die der Folterer zudem aufgrund seiner Erfahrungen mit den Körpern von Opfern besser kennt als der Gefolterte selbst.

Folter kennt also keine Bemessung und keine Höchstdauer. Die Unmöglichkeit für den Gefolterten, eine Prognose zu treffen, ist ein wesentliches Element der syrischen Folter in all ihren Spielarten, und dies gilt sogar für die Straffolter. Es gibt in einem Gefängnis wie dem von Palmyra oder in jeder anderen syrischen Haftanstalt keine »Preisschilder« für Verstöße, ja, es gibt nicht einmal eine bekannte Definition dessen, was ein Gefängnisverstoß sein könnte. Es wird diesbezüglich nach »Gewohnheitsrecht«[18] verfahren, ebenso wie bei einer »Haft nach Gewohnheitsrecht«, deren Opfer ebenfalls nicht wissen, wann sie endet. Letztlich verweist dies auf ein extremes Ungleichgewicht zwischen sozialer und politischer Macht, da die öffentliche Folterbehörde, der Staat, als Eigentümer der Körper und des Lebens der Gefolterten, ja der gesamten Bevölkerung auftritt.

Bei der Verhör- oder Ermittlungsfolter, wie wir sie seit Beginn der Assad-Herrschaft kennen, kommt es vor, dass die Folter endet, insofern die Folternden dem »Geständnis« des Gefolterten Glauben schenken. Garantiert ist dies jedoch keineswegs, denn ob die Folternden dem Opfer glauben, wird nicht in einer freien Diskussion ausgehandelt, sondern einseitig von Ersteren bestimmt. Das bedeutet aber nicht, dass der Gefolterte über keinerlei mehr oder weniger großen Spielraum verfügt, den er nutzen und innerhalb dessen er seine Folterer mitunter sogar übertölpeln kann. Tatsächlich geschieht dies permanent, denn Folter ist im Kern eine Misstrauensbeziehung, in der das Opfer dem

Folterer entweder so wenig wie möglich von dem sagt, was Letzterer nicht weiß, oder nur das, was der Folterer hören will – was nicht der Wahrheit entsprechen muss –, damit die Folter endet. Schon deshalb kann man sagen, dass Folter keine Erfolg versprechende »Ermittlungs«-Methode, sondern vielmehr eine Methode zur Verfälschung der Wahrheit darstellt.[19]

Die Vernichtungsfolter wiederum ist eine tabulose Quälerei, die mit Tötung enden kann, ohne dass diese vorgesehen ist. Der Tod des Gefolterten erfüllt keinerlei Zweck, vielmehr ist es einerlei, ob er am Leben bleibt oder nicht. Demgegenüber wurde die Demütigungsfolter zu unserer Zeit im Gefängnis von Palmyra nicht etwa wie die kantsche »ästhetische Erfahrung« »zweckfrei« praktiziert, sie ist auch keine »Folter um der Folter willen«, wie ich selbst in früheren Ausführungen noch vermutete.[20] Vielmehr besteht ihr Ziel in einer seelischen und politischen Zerstörung sowie in der Schaffung einer Erinnerung und daraus hervorgehenden Reflexen beim Opfer, die jenes dazu bringen, zu »bereuen« und zu »gehorchen«. Kurz gesagt besteht ihr Zweck darin, die Demütigungserfahrung in der Psyche des Gefolterten so zu verankern, dass er nicht mehr aufzubegehren imstande ist. Insofern handelt es sich bei der Demütigungsfolter um eine Abschreckungsfolter.

Es ist wichtig zu betonen, dass Folter zwar in jedem Fall demütigend und Demütigung stets ein grundlegendes Element der Folter ist, dass aber nicht jede Folter kategorisch eine Demütigungsfolter darstellt. Demütigung ist Teil der Verhörfolter und der Vernichtungsfolter und gehört auch zur Straffolter,[21] aber die Bezeichnung Demütigungsfolter meint hier allein jene Folter, die darauf ausgerichtet ist, eine Erinnerung im Opfer zu schaffen beziehungsweise diesem eine »unvergessliche Lektion« zu erteilen.

Vielleicht erklärt gerade die Tatsache, dass Demütigung ein grundlegender Bestandteil der Folter ist, dass nur wenige derjenigen, die Folter unmittelbar erlebt haben, von ihr sprechen – eine Beobachtung, die auf den amerikanisch-polnischen Historiker Padraic Kenney zurückgeht, auch wenn seine Studie dafür als Erklärung anbietet, Folter sei nicht beschreibbar.[22] Ich glaube, dass das Demütigende und Schmerzliche der Erinnerung an die Folter die größere Rolle dabei spielen. Unser seelisches Genesen von der Erfahrung des Ausgeliefertseins und von der schweren Erschütterung, die wir bei der Folter erfahren, hängt davon ab, wie gut wir sie vergessen und wie tief wir die Erfahrung in uns selbst zu vergraben imstande sind. Mögen wir auch über selbst erlittene Folter sprechen, wenn wir ein Verfahren gegen eine für Folter verantwortliche Institution, einen Staat oder seine Vertreter anstreben, aber wenn wir detailliert darüber berichten, ist es, als würden wir mit eigenen Händen eine Wunde aufreißen, die nur unter Aufwendung von Energie und Zeit hatte verheilen können.

DIE STRUKTUR DER FOLTERBEZIEHUNG

Der Kern einer Folterbeziehung besteht im Zusammenbruch jedes menschlichen Bandes beziehungsweise im beiderseitigen Verlassen der menschlichen Ebene. Der Folterer erhebt sich über das Menschsein, indem er Schmerzen bereitet und so den Körper des Gefolterten der Gleichheit mit seinem eigenen enthebt, was eine wechselseitige Identifikation sabotiert und den Folternden gegenüber dem Gefolterten so frei macht, dass Ersterem die Entscheidungsgewalt darüber zukommt, ob er Letzteren am Leben lässt oder tötet. Eine solche Kontrolle über Leben und Tod ist die höchste Stufe von Herrschaft, ja eine Art Gottwerdung.[23] Der Gefolterte wiederum gleitet ab auf eine Stufe unterhalb der Menschlichkeit, er verliert die Kontrolle über sich selbst, jenes seelische Selbst, das im Moment der Folter dazu neigt, auf einen Körper aus Schmerz reduziert zu werden, indem, wie Jean Améry sagt, »Körper = Schmerz = Tod«.[24]

In einer Folterbeziehung stehen auf der einen Seite Götter, auf der anderen Sachen. Es handelt sich dabei also um keine Beziehung zwischen Menschen, denn hier ist eine auf einen bedrängten, schmerzenden Körper reduzierte Person Objekt einer Macht, die den Menschen gemäß der Machtdefinition von Simone Weil zu verdinglichen sucht. Nach Weil verdinglicht die Macht jene, über die sie verfügt, und in ihrer extremsten Ausprägung macht sie den Menschen im Wortsinn zu einer Sache: einer Leiche.[25] Und so wie Folter eine direkte Machtausübung an Körpern ist, repräsentiert sich in ihr der Verlust der prinzipiellen menschlichen Gleichheit und der darauf beruhenden gegenseitigen Identifikation.[26] Ebendies qualifiziert sie für eine Definition des Bösen.

Wir sprechen von einem grundsätzlichen Bösen, wenn eine Beziehung zwischen Menschen zu einer zwischen Menschen und Nichtmenschen oder zwischen Menschen und Dingen wird. Und geht das Böse, wie Hannah Arendt es in *Elemente und Ursprünge des Totalitarismus* zeigt, mit einer Entmenschlichung einher, dann ist Folter seine es bestimmende Beziehung, sofern wir in die Entmenschlichung auch den Folterer einbeziehen, nicht nur sein Opfer.[27] Wenn es böse ist, einen Menschen überflüssig oder unnütz zu machen, wie Arendt im selben Buch konstatiert, dann steht Folter genau dafür, denn sie verdinglicht ihre Opfer und beraubt sie ihrer Menschlichkeit.[28] Zugleich raubt sie die Menschlichkeit des Folterers und überführt sie in Richtung von Herrschaftsgewalt und Gottwerdung.

Meines Erachtens ermuntert zur Folter ein Verlangen nach Macht und Kontrolle. Dies kann so weit gehen, dass der Folternde darüber verfügen kann, sein Opfer leben oder sterben zu lassen, nach der Devise: Ich foltere dich, weil ich es kann und weil ich keine Konsequenzen für mein Tun fürchten muss. Ich habe Macht über dich, ich habe dich völlig unter Kontrolle, und ich übe diese Kontrolle in einer Weise aus, dass ich mich folgenlos an deinem Körper und selbst an deinem Leben vergehen kann.

Es scheint, dass viele Menschen ein Bedürfnis nach einem solchen Gefühl von Macht über andere haben. Womöglich ist sogar der Ursprung der Götter darin zu suchen, dass Menschen den Wunsch hatten, sich nicht mehr mit anderen Menschen gemeinzumachen. Denn die Entscheidung über Leben und Tod, gerade über den Umweg der physischen Folter, bringt einen Allmächtigen hervor, der mit anderen, wenn überhaupt, nur in eine sklavische Beziehung zu treten imstande ist. Aber, und das ist das Widersprüchliche an der Folterbeziehung: Man muss auch der Menschen habhaft werden, die man foltern und mit denen man sich ungleich machen kann, und sie müssen so sein wie man selbst, damit man diese Gleichheit mit der Folter aufheben kann. Ein Tier zu foltern, taugt dazu nicht, denn hier mangelt es an ebenjener Gleichheit. Folter ist insofern etwas zutiefst Menschliches, als sie nur zwischen Menschen stattfinden kann, und etwas zutiefst Unmenschliches, als keiner der beiden Beziehungspartner dabei ein Mensch bleibt. Von dieser Entmenschlichung aus gesehen, ist Folter eine grundlegend böse Beziehung. Letztlich ist Folter eine Machtbeziehung, die sich nicht erst einer anderen Form der Machtbeziehung beigesellt, sondern sich als die ideale und weitestgehende Form der Machtbeziehung erweist: Ich bin mächtig, und du bist schwach! Ich bin gewaltig, und du bist Ungeziefer! Ich bin Gott, und du bist nichts! »Darf ich mich vorstellen? Ich bin Azrael, der Todesengel, ach was, ich bin Gott, und ich führe euch ins Reich der Wahrheit. Und da ich Gott bin, werde ich euch das Leben noch ein paar Tage verlängern.« Diese Worte zeichnete die syrische Aktivistin Razan Zeitouna im September 2013 auf, als sie die Aussagen von fünf Frauen dokumentierte, denen das seltene Glück zuteilgeworden war, aus der Haft entfliehen zu können.[29] In diesem Bericht verdichtet sich idealtypisch die beiderseitige Entmenschlichung durch Folter: Gottwerdung hier, Verdinglichung da. Der als klein und bärtig beschriebene Offizier brachte mit wenigen Worten auf den Punkt, was eine Folterbeziehung ausmacht. Nicht nur ist er Gott über die Gefangenen und Gefolterten, er hat auch die göttliche Gabe des *yumhil wa-lā yuhmil* (»er gewährt Aufschub, vergisst aber nicht«), das heißt, er hat es nicht eilig damit, seine Opfer zu verdinglichen, weil er es jederzeit kann und weil sie bis dahin anderweitig nützlich sind (sie wurden gezwungen, Gräben für die die Ghouta belagernden Regimetruppen auszuheben). Auf diesem Extrem beruht die Assad-Herrschaft in Syrien.

FOLTER ALS POLITISCHE VERNICHTUNG

Wenn Foltern Mühe, Zeit und »Qual« erfordert,[30] bedeutet dies, dass der Gefolterte nicht gehorcht, sein Innerstes nicht preisgibt, dass er Widerstand leistet und man diesen seinen Widerstand brechen muss, damit er gesteht. Er soll gestehen, was er an Informationen für sich behält, aber noch wichtiger ist, dass er sich unterwirft und kapituliert und »singt« und seinen Peiniger schließlich als überlegen anerkennt.[31]

Gegen das Geständnis unter Folter wehren wir uns nicht nur, um keine Informationen über unsere Genossen oder Partner preiszugeben, sondern – grundsätzlicher – um unsere Würde zu behalten sowie aus einer Weigerung heraus, uns einem Feind zu ergeben, der uns vereinnahmen will. Denn das Erpressen von Informationen ist nur insoweit Ziel des Folterers, als es mit einer Kapitulation vor ihm einhergeht und eine Anerkennung seiner Überlegenheit, seines Sieges und seiner Macht impliziert – die Anerkennung des Peinigers als einer kollektiven Foltermacht, nicht als einer zufälligen Einzelperson, das ist es, was ein Geständnis ihm gegenüber ausmacht und dokumentiert. Der Folterer will an das innerste Wesen seines Opfers gelangen und sich dessen bemächtigen. Unser Innerstes ist der Kern unserer Autonomie und unsere Intimsphäre der Bereich, in den niemand anderes Einblick hat, und gerade die Unterschiedlichkeit unseres Innersten qualifiziert uns dazu, Gleichheit mit anderen zu beanspruchen und zugleich unterschiedlich zu bleiben. Wird unser Innerstes nach außen gekehrt, verlieren wir jede Autonomie und unser persönliches Wesen. Demgegenüber verspürten die Nazis keinerlei Notwendigkeit, die Juden zu foltern, behauptete ihre rassistische Theorie doch a priori, um das bösartige Wesen der Juden zu wissen, womit diese von vornherein von jeder Gleichheit ausgeschlossen waren. Juden wurden als so niedrig, als so ungleich angesehen, dass sie in den Augen der Nationalsozialisten nicht einmal der Mühe einer Folter wert waren. Sie wurden, wie Giorgio Agamben es ausdrückt, »nicht im Verlauf eines wahnsinnigen und gigantischen Holocaust« ermordet, »sondern buchstäblich, ganz Hitlers Ankündigung gemäß, ›wie Läuse‹, das heißt als nacktes Leben«.[32]

Das Folterwesen unter Assad mag in dessen Wunsch begründet sein, eine Anerkennung zu erlangen, derer er sich offensichtlich nicht sicher ist. Er will den Widerstand derer, die ihm die Anerkennung verweigern, brechen und Zugriff auf ihr Innerstes erlangen, schließlich fehlt es ihm an einer Theorie mit der Kraft eines »wissenschaftlichen Rassismus«, wie die Nazis sie hatten und die schon im Vorfeld der Folter jeder menschlichen Identifikation den Boden entzog. Der Konfessionalismus des Assad-Regimes ist »wissenschaftlich« weniger mächtig, ja, er ist nicht einmal eine Art Glauben, zu dem man sich bekennen könnte, auch wenn er das seine dazu beiträgt, menschliche (und nationale) Bindungen zu untergraben, und er einer Verdinglichung der Gefolterten ohne viel Bedenken Vorschub leistet. Was der Konfessionalismus möglicherweise erleichtert, ist, dass er gewollt einen konfusen Bereich schafft, der zwischen zwei Vorstellungen changiert: Ich foltere, weil ich kann, und: Ich foltere, weil die, die ich foltere, schlecht und böse sind. So erscheint die Folter als eine gute Tat und nicht nur als Gewaltakt.

Was den Folterer beziehungsweise die kollektive Foltermacht frustriert, ist, dass der Häftling auch dann nicht unterworfen ist, wenn er gesteht, da dem Folterer dadurch kein Zugang zum Innersten seiner Opfer gewährt wird. Vielleicht tun sie ja nur so, als hätten sie sich gefügt? Alle vorhandenen Berichte aus dem Gefängnis von Palmyra, das ein wirkliches Folterlager war, belegen, dass die religiösen Gefangenen sich – auch wenn sie geständig waren – dort erst recht an ihren religiösen Glauben klammerten und beispielsweise das Gebet, das ihnen verboten war, mit den

Augen verrichteten.[33] Verboten war es ihnen, da die Abweichung, für die sie in Haft kamen und derentwegen sie gefoltert oder auch ermordet wurden, mit ihrem Glauben zu tun hatte, zumindest aus Sicht ihrer Peiniger, die sie daher damit bestraften, ihre Glaubensrituale nicht ausüben zu dürfen. Die Gefangenen hielten dennoch daran fest, weil ihre Würde darin begründet lag und weil sich im Glauben die größte Verschiedenheit zwischen ihnen und ihren Folterern ausdrückte. Auch wir linken Gefangenen, die zwar das diktatorische Gesicht des Regimes sahen, nicht aber das auf Vernichtung gerichtete, mit dem es auf die Islamisten blickte, weigerten uns, unseren Parteien abzuschwören, obgleich nicht wenige von uns innerlich ihre Anschauungen längst revidiert hatten. Wir weigerten uns, um unsere Würde zu verteidigen und um den Bereich zu schützen, der ihretwegen angetastet werden sollte. Dies zeigt, dass die Kapitulation unsicher bleibt, solange die Gefolterten oder Misshandelten noch am Leben sind.

Wenn der Folterer aber sein Opfer tötet, um dessen Widerstand auszuschalten, dann entschwindet ihm damit auch dessen Inneres, und der Folterer hat niemanden mehr, auf den er Unterschied und Identität projizieren könnte. Er verliert seine Identität, wenn die Unterschiede aufgehoben werden, insbesondere der Unterschied zwischen Peiniger und Opfer, denn genau auf diesem beruht die Art der Machtausübung.

Was aber bedeutet es genau, dass es der Folterer in »Assads Syrien« nicht nur auf die Geheimnisse seines Opfers abgesehen hat, sondern auch auf die Aneignung von dessen Innerstem? Der Gefolterte soll bloßgelegt werden und kein Innenleben und keine Subjektivität mehr besitzen; er soll lesbar, gefügig und ergeben gemacht und politisch vernichtet werden. Deshalb genügt es bei inhaftierten Frauen auch nicht, ihnen Geständnisse bezüglich ihrer politischen Tätigkeit abzutrotzen – sie müssen vielmehr vergewaltigt, ihre Grenzen müssen niedergerissen und ihre Autonomie beseitigt werden. Der Folterer will sie besitzen und dadurch ein Herrschaftsgefühl verspüren. Der Raub des Innersten nimmt hier mit der Inbesitznahme des Körpers der Frau eine physische Form an, die Folter und Machtaneignung ist, jedoch keine sexuelle Handlung.[34] Sexuelle Übergriffe gegenüber Frauen und Männern stellen somit eine extreme Demütigung dar, ohne das Leben des Opfers direkt zu bedrohen. Sexuelle Gewalt ist wie ein Mord ohne Tod, eine symbolische Vernichtung, die die politische Vernichtung noch verstärkt.

Zusammenfassend lässt sich sagen, dass das Ziel von Folter in Demütigung bestehen kann, sie kann dem Verhör oder der Vernichtung dienen oder eine Strafe darstellen. In jedem Fall aber macht der Mechanismus der Folter ihr Opfer zu einem Objekt, zu einem Wesen ohne Persönlichkeit und ohne Inhalt. In diesem Sinn könnte man Folter als ein politisches System bezeichnen, das auf Vernichtung beruht.

Ich verknüpfe hier Folter mit Vernichtung, obgleich nicht jede Folter auf Vernichtung zielt, um damit auszudrücken, dass die Folter insgesamt eine politische Vernichtung darstellt. In gleicher Weise ist zwar jede Form von Folter demütigend, aber die Folter in ihrer Gesamtheit hat nicht nur Demütigung zum Ziel. Der Demütigungsfolter liegt eine Herrschaftsmethode zugrunde, denn die politische Vernichtung der Beherrschten erfordert es, sie zu Untergebenen zu degradieren, die sich politisch nicht zusammenschließen können, die keine Rechte haben, keine Staatsbürger sind und nichts einfordern können.

Aber gelingt politische Vernichtung durch Folter tatsächlich? Wenn wir an die Folter im Zusammenhang mit Langzeithaft denken, scheint sie auffallend effektiv zu sein: Alle oppositionellen und unabhängigen politischen Organisationen in Syrien wurden in den Jahrzehnten der Herrschaft von Hafiz al-Assad zerschlagen. Dazu kamen in ihren Reihen Neigungen zur Selbst- und gegenseitigen Zerstörung, die dadurch genährt wurden, dass die Organisationen nicht in der Lage waren, sich vor dem Regime zu schützen und weil es ihnen an Lebenskraft fehlte.

FOLTER ALS METHODE ZUR MINORISIERUNG UND MAJORISIERUNG

Die Folterbeziehung beschränkt sich nicht auf die bereits angeführte Vereinzelung, die das Opfer absondert und auf einen schmerzenden Körper reduziert, sondern eröffnet eine Wirklichkeit, in der die bewaffneten Peiniger viele sind und die Gefolterten isolierte, unbewaffnete Individuen oder besser: Dividuen. Bei jedem Foltervorgang wird das Opfer von allen getrennt, mit denen es in Verbindung stehen könnte – seiner Familie, Organisation, seinen Freunden, Kollegen, den anderen Gefolterten und so weiter –, um es einsam und schwach zu machen und um seinen Widerstand leichter brechen zu können. Folter ist im Grunde also der Kern einer Teile-und-Herrsche-Politik: Man wird von seiner Gemeinschaft getrennt und anschließend von sich selbst, indem der entblößte Leib vom verborgenen, eigenen Innersten abgeschieden wird – der Körper wird zur Geisel im Austausch gegen die Preisgabe des Innersten und den Verrat an höchsten Überzeugungen, oder in Bezugnahme auf Amérys Worte: Der physische Bestand wird von seinem metaphysischen abgespalten.[35] Nachdem man die Folteropfer auf die kleinste Größe, den Einzelnen, minorisiert hat, wird auch dieser noch in Teile aufgespalten. Dies macht die Folter zum zweckdienlichsten Instrument jeder Tyrannei.

Zugleich steht der Gefolterte einer Vielzahl von Folterern, ja einem ganzen Betrieb von Folterern gegenüber, deren gemeinsames Ziel es ist, den Gefolterten zu besiegen, zu vereinnahmen und zu beherrschen. Die Folterer sind ein Kollektiv, auch wenn sich zu einer bestimmten Zeit jeweils nur ein bis zwei Folterer an einem Körper zu schaffen machen. Es dauert meist nicht lange, bis ihnen ein anderer beispringt oder jemand sie ablöst, damit sie sich von der Mühe und Qual der Folter erholen können. Denn der Gefolterte »quält« seinen Folterer, indem er sich dagegen wehrt, zu einem Ding gemacht zu werden, und genau das soll mit der Folter überwunden werden, wozu es jedoch viele Folterer braucht, eine Überzahl an Folterern, die den isolierten Folteropfern gegenüberstehen.

Das »Protokoll«, das im Gefängnis von Palmyra zur Anwendung kam, kann als ein modellhaftes Beispiel dafür dienen, wie mit Foltergewalt eine Unterzahl und eine Überzahl geschaffen wird: Eine Gruppe von Folterern umstellt ein Opfer im Gefängnishof. Mindestens zwei Personen wechseln sich bei der Folter ab, während ihr Vorgesetzter ihre Arbeit überwacht, ein weiterer Folterer sich bereithält, die Folter fortzuführen, und bei alldem sehen von den Dächern der Trakte bewaffnete Wächter zu. Der Gefolterte ist dabei nackt oder fast nackt, er ist in einem Zustand extremen Ausgeliefertseins und wird weniger als er selbst.

Aufgrund der Vereinzelung und Absonderung ist eine Folterbeziehung somit das Gegenteil einer herkömmlichen politischen Machtbeziehung, in der eine kleine Zahl von Menschen über eine große herrscht. Hier steht eine Überzahl einer Unterzahl gegenüber, auch wenn Letztere aus einer großen Zahl entstanden ist, die man aber durch beständige Aussonderung und Aufspaltung und natürlich mithilfe von Waffen zu Einzelnen gemacht hat. Mag es also im Gefängnis von Palmyra Tausende, in den Achtziger- und Neunzigerjahren zuweilen auch über zehntausend Häftlinge gegeben haben, während die Zahl der dort Angestellten bestimmt nie größer als dreistellig war,[36] so waren die Gefangenen doch stets voneinander getrennt und vereinzelt, bevor die eigentliche Folter zum Tragen kam.

So gesehen war in Syrien zu jeder Zeit die Gesamtzahl derer, die Folter und Mord verübten – ganz abgesehen davon, dass ihnen alle Techniken der Isolation zur Verfügung standen, sie Waffen und unvergleichlich größere Ressourcen hatten –, größer als die jeweilige Gesamtzahl an Gefangenen. Demgegenüber sind die Herrscher eines Landes immer eine Minderheit, und Herrschaft erfordert nach Étienne de La Boétie stets so etwas wie eine »freiwillige Knechtschaft«.[37] Ein genauerer Blick würde aber wahrscheinlich offenbaren, dass zu jeder gegebenen Zeit die potenzielle gesamtheitliche Foltermacht oder allgemein die organisierte Kontroll- und Zwangsmacht einer Herrschaft immer größer ist, als ein mehr oder wenig gut organisierter Widerstand gegen sie sein könnte. Regime brechen vermutlich erst dann zusammen, wenn beide ins Gleichgewicht kommen oder die Widerstandskraft die Herrschaftsmacht überwiegt.

Mehr noch als zu sagen, dass Folter eine politische Beziehung oder das Fundament der Unterstützung eines politischen Systems darstellt, die auf Herrschaft und Abhängigkeit beruht, geht es mir mit dem Vorstehenden darum, auszudrücken, dass es sich bei der Folter um einen Prozess zur Schaffung einer »politischen Mehrheit« sowie einer »politischen Minderheit« handelt. Mit Mehrheit meine ich hierbei jene, die an der Macht sind und für die Allgemeinheit entscheiden, und mit der Minderheit die Beherrschten und Vereinzelten. Die Gefolterten werden zu einer Minderheit, wie viele sie auch sein mögen, und die Folterer sind in der Überzahl, wie wenige sie auch sein mögen. Der Gefolterte wird zu einem Teilstück seiner selbst, der Folterer macht sich größer, als er ist. Und indem Folter das Opfer von seinem Umfeld isoliert und es von sich selbst abspaltet, bietet sie Gewähr dafür, dass die Gefolterten in der Unterzahl bleiben. Das sollte uns dazu bringen, darüber nachzudenken, wie sich politische Minderheiten und Mehrheiten zu den oft angeführten gesellschaftlichen verhalten. Folter ist eine Methode zur Minorisierung, bei der der Einzelne zu einem verängstigten, verunsicherten und initiativlosen Wesen (wenn er nicht ganz zu einer Sache, einer Leiche gemacht wird) und die Gesellschaft zu Gruppen verkleinert wird, die sich wiederum aufspalten in verstreute, auf sich selbst zurückgeworfene Einzelne, die sich voneinander abschotten und einander fürchten und misstrauen. Zugleich aber handelt es sich bei der Folter eben um eine Methode der Majorisierung, die es denen, die foltern, ermöglicht, in der Öffentlichkeit dominant in Erscheinung zu treten, denn der Einzelne von ihnen ist niemals nur einer, und ihre Gesamtheit ist mehr als nur die Anzahl der ihnen Zugehörigen.

Für Syrien gilt dies in grundlegender Weise. Die Fortdauer der Assad-Herrschaft beruht auf Folter und einem Apparat, der Assad zu einer Übermacht macht und die Beherrschten zu Unbedeutenden.[38] Wie ausgeführt, ist die Folter hier zu verstehen als ein Instrument zur Errichtung eines Systems von Herrschaft und Unterordnung, nicht von Staatsbürgerschaft. Herrschaft heißt in diesem Zusammenhang eine Vermischung von Macht und Besitz nach autoritärem Muster, was eine Unfehlbarkeit und eine übergeordnete Stellung des Herrschenden einschließt, die dessen Macht zum Ausdruck bringt, mit seinem Besitz zu verfahren, wie immer es ihm beliebt – bis hin zum Mord. Die Verwandlung Syriens in einen Besitz hat es ermöglicht, dass im Jahr 2000 die Präsidentschaft vom Vater auf den Sohn vererbt wurde. Diese Art von Herrschaft macht den Herrschenden zu mehr als einem Einzelnen; er wird vielmehr mit dem Land und allem, was es umfasst, gleichgesetzt. Ein solcher Herrscher tritt in keine Beziehung ein, er steht über allen, er ist mehr als jede Mehrheit und mehr als alle anderen zusammen.

Und dennoch ist ein solcher Herrscher von seinen Beherrschten abhängig – es gibt ihn nicht, ohne dass er jene beständig zerschlägt, damit sie das Joch der Unfreiheit nicht abwerfen. Er bedarf der Beziehung. Dieses Bedürfnis nun kann er lediglich stillen, indem er seinen Untergebenen Schmerzen zufügt und sie demütigt, indem er mit ihnen in eine Folterbeziehung tritt. Die momentan stattfindende Zerstörung Syriens ist in dieser Herrschaftsbeziehung festgeschrieben.

Im Lichte dessen hat die Folter zwei Gesichter: ein qualitatives, bestehend in der Abspaltung des menschlichen Bandes und der Verdinglichung der Gefolterten oder ihrer existenziellen Herabwürdigung, und ein quantitatives, bestehend in der Minorisierung der Gefolterten und ihrer Vereinzelung.

KOLLEKTIVE FOLTER

Die kollektive Folter einer Gemeinschaft folgt keiner anderen Logik. Man denke beispielsweise an die Belagerung eines Ortes als Methode zur Trennung einer lokalen Gemeinschaft von ihrer Umgebung, wie es in Hama 1982 geschah und wie es in den Jahren der Revolution immer wieder in Homs, in den Vororten von Damaskus Dārayyā, Ost-Ghouta, Jarmuk, Madaya, im Osten Aleppos und an vielen anderen Orten Syriens praktiziert wurde. Zusätzlich zur Belagerung wurden die abgeriegelten Gebiete mit Fass-, Streu- und Phosphorbomben angegriffen, wobei man tunlichst auf Krankenhäuser und Märkte zielte. Belagerung und Bombardement sind eine Methode, die gleich der Folter auf eine Minorisierung abzielt, auf die Schaffung von Minderheiten.

Von kollektiver Folter kann man nicht nur insofern sprechen, als Folter eine politische Beziehung ist. In Syrien war die Folter Einzelner immer mit Formen der Demütigung und einer »das Leben zur Hölle machenden« Qual verbunden, die sich auch gegen die Angehörigen der Gefangenen richteten, ja, ganze Städte und Regionen wurden diskriminiert, etwa Hama, Aleppo oder die Dschazīra im Nordosten Syriens. Kollektive Diskriminierung, durch Folter flankiert, zielt auf jene, denen das Regime in Bezug auf ihre innere Einstellung misstraut. Nach der Revolution wurden aus solcher Diskriminierung Isolation und Belagerung, Aushungerung, Bombardement und Massaker. Massaker sind kollektive Folter, zu deren Opfer nicht nur die Getöteten zählen, sondern ihre gesamte Gemeinschaft samt Angehörigen, Verwandten und Nachbarn, das ganze soziale Umfeld – zumal auf das Massaker meist Vertreibung folgt, wenn es nicht ohnehin zu diesem Zweck angerichtet wird.

Die Veranstalter von Massakern wissen, dass die Vertreibung eines Teils »aus dem Leben« die Vertreibung anderer aus deren Lebens*umfeld* nach sich zieht. In Syrien gingen in den Jahren nach der Revolution Belagerungen, Massaker und Vertreibungen Hand in Hand. Vergleichbares hat die palästinensische Gesellschaft mit der *Nakba* erlebt. Auch gingen mit vielen Massakern in Syrien Vergewaltigungen einher, so etwa in dem Stadtteil Karm el-Zeitoun in Homs und in al-Hula 2012. Vergewaltigung stellt in diesem Zusammenhang kein Vergehen zum Zweck der Vereinzelung dar, sondern einen Angriff auf die Gemeinschaft, in der das Vergewaltigungsopfer lebt – also wieder eine kollektive Folter.

Wie Vergewaltigung als Zerstörung einer Gesellschaft eingesetzt wird, lässt sich mit nicht zu überbietender Deutlichkeit in Nadia Murads Buch *Ich bin eure Stimme* nachlesen, jener Jesidin, die vom IS »geraubt« wurde, nachdem die Terrormiliz im Sommer 2014 Mossul und das Dorf Kuju im irakischen Sindschar-Gebirge eingenommen hatte. Die Gefangennahme und Vergewaltigung von Frauen sowie ihr Verkauf war die eine Seite der Zerstörung der jesidischen Gesellschaft. Die andere war die Ermordung ihrer Männer ab dem Alter, in dem sie Schambehaarung aufwiesen. Beides zusammen bildete den Genozid an den Jesiden. Nadia Murad wurde mehrfach von IS-Milizen vergewaltigt, bevor ihr die Flucht gelang und sie feststellen musste, dass sie ihre Mutter und viele ihrer Geschwister verloren hatte.[39] Auch die Vergewaltigung von möglicherweise über hunderttausend deutschen Frauen durch Soldaten der Roten Armee am Ende des Zweiten Weltkriegs[40] stellte eine kollektive Demütigung dar, die wahrscheinlich mit dem totalen Krieg und der Massenvernichtung durch die Nazis gerechtfertigt wurde.

Der kollektive Charakter der Folter tritt noch deutlicher bei Hungerblockaden zutage, für die das syrische Regime die Losung *»al-dju' au ar-ruku'«* (»Hunger oder Unterwerfung!«) geprägt hat. In dieser spiegelt sich die nihilistische Struktur des Feilschens mit Gefangenen (die entweder »kooperieren«, also Informanten werden, oder im Gefängnis bleiben sollen) ebenso wider wie die ungeschriebene Verfassung des Regimes, die da lautet: *»al-Asad au la ahad!«* (»Assad oder keiner!«). Belagerungen zielen in gleicher Weise auf Unterwerfung und Willfährigkeit wie die Langzeithaft, die eine Fortsetzung der Folter darstellt. Meine 2013 verschleppte Frau Samira al-Khalil vergleicht in ihrem »Tagebuch der Belagerung von Duma 2013« Belagerung und Haft. Sie berichtet dort, ihre frühere Haft (ebenfalls in Duma) sei im Vergleich zur Belagerung lachhaft gewesen.[41] Wenn zu einer Belagerung aber noch Luftangriffe kommen, haben wir alles: eine eingesperrte und geschundene Gesellschaft, dezimiert und zerstückelt.

Gerade die in Syrien so oft eingesetzten Fassbomben lassen sich gut als kollektive Folterwaffe bezeichnen, nicht nur wegen ihrer verheerenden Letalität und Zerstörungskraft, sondern weil sie ganze Lebensumfelder vernichten und schon von daher auf Vertreibung angelegt scheinen. Die Fassbombe eignet sich als Symbol einer totalitären Macht beziehungsweise der Assad-Herrschaft auf kollektiver Ebene, so wie das vieradrige Kabel[42] für die individuelle Folter steht.

FOLTER UND GEFÄNGNIS

Kaum jemand, der in Syrien in Haft sitzt, wurde nicht zuerst gefoltert. Folter ist in Syrien etwas Strukturelles und Systematisches, nicht etwas, was zufällig zur Anwendung kommt. Daraus folgt, dass auch die Demütigung strukturell und systematisch erfolgt. Und dementsprechend gehört zu den Charakteristika der Assad-Zeit auch, dass auf die Folter oft extrem lange Haftstrafen folgen. Viele Syrer saßen länger in Haft, als die Nazis Deutschland regiert haben. Es lohnt also, diesen Punkt genauer zu analysieren.

Als wir in den Achtziger- und Neunzigerjahren im Gefängnis saßen, fragten wir Häftlinge uns in unseren Gesprächen oft, was schlimmer sei: heftige Folter oder lange Haft. Wir kamen zu keinem eindeutigen Schluss, ob wir es vorzögen, weniger gefoltert zu werden und dafür länger eingesperrt zu bleiben, oder ob wir lieber stärker gefoltert und dafür früher entlassen würden. Es gab keinen festen »Wechselkurs«, demzufolge Folter und Haftlänge im Verhältnis zueinander standen, etwa ein Tag Folter zu einem Jahr Gefängnis. Und abschätzen, wie lange das Regime uns noch in Haft halten würde, konnten wir ebenso wenig (es war aber länger, als wir alle es uns im schlimmsten Fall vorgestellt hatten). Die Gegenüberstellung von Härte der Folter und Länge der Haftzeit entstand lediglich als Gedankenübung aus einem Überfluss an Zeit. Gleichzeitig aber implizierte sie einen Zusammenhang zwischen der Heftigkeit der Folter und der Haftdauer. Sie implizierte, dass eine lange Haftzeit auch eine Art Folter darstellte und dass wir der Folter nicht dadurch entkommen waren, dass man uns in ein reguläres Gefängnis überstellt hatte, setzte sie sich doch hier auf andere Weise fort.

Hierbei handelt es sich keineswegs nur um eine bloße Vermutung. Nachdem meine Genossen und ich zunächst Jahre im Gefängnis von Adra zugebracht hatten, ging es anschließend weiter ins Folterzentrum von Palmyra. Viele verbrachten dort etliche Jahre, in meinem Fall waren es wenige Wochen. Das alles geschah, nachdem wir von einem Staatssicherheitsgericht zu Haftstrafen von maximal fünfzehn Jahren verurteilt worden waren. Die Verlegung nach Palmyra aber war wie eine erneute Festnahme, wir wurden nochmals gefoltert und nach »Gewohnheitsrecht« inhaftiert, ohne zu wissen, wann die Haft enden würde. In den meisten Fällen dauerte sie länger als die vom Gericht angeordnete Strafe.

Sowohl für die Folter als auch für die Haft gilt, dass wir dabei die Kontrolle über unser Leben verlieren und zu Objekten einer Macht werden, die Subjektivität, Initiative, Denken und Entscheidung für sich allein reklamiert. Aber während das Gefängnisleben noch ein unterschiedliches Maß an Widerstand und Freiheit zulässt, welches die Haftwirkung zu einem gewissen Grad ausgleicht, ist dies unter Folter gänzlich ausgeschlossen. Unter Folter erfahren wir nicht nur schlimme körperliche Schmerzen, sondern auch eine Extremsituation des Ausgeliefertseins und des Absturzes, in der wir uns selbst nicht mehr gehören, keine Kontrolle über uns selbst haben und stattdessen zum Besitz eines anderen werden, der uns nach Belieben beherrscht. Unter Folter sind wir dem Tod nahe und erleben somit ein Entschwinden der Freiheit im existenziellen, nicht nur im menschenrechtlichen und politischen Sinn. Die Panik, die wir unter Folter verspüren, vereint zwei Dinge: Schmerz und Exposition beziehungsweise Selbstaufgabe. Wie gesagt, ist Vergewaltigung Folter, und meines Erachtens gilt dies auch andersherum: Folter ist Vergewaltigung. Kein anderes Wort könnte das Ausgeliefertsein, die Panik, die Grenzüberschreitung und unsere Gefühle unter der Folter besser zusammenfassen als das Wort Vergewaltigung. Das würde auch die Annahme stützen, dass wir über erlittene Folter deswegen nicht im Detail sprechen, weil sie so demütigend war, und darüber zu sprechen gliche der Vergegenwärtigung einer erlebten Vergewaltigung.

Aufbauend auf dem Gesagten lassen sich in Syrien drei Ebenen der Folter unterscheiden: Folter als Handlung oder direkte Beziehung, Folter als Betrieb und Apparat sowie schließlich Folter als Staat und politisches System. Anders ausgedrückt, beschreibt die erste Ebene das, was die Folterer tun; die zweite Ebene bezieht sich auf Folter als Institution beziehungsweise das, was in Syrien Sicherheits- oder Geheimdienstabteilung heißt;[43] und die dritte Ebene beschreibt Folter als Herrschaftssystem. Auf das Letztgenannte bezieht sich dieser Abschnitt.

Folter ist nicht nur etwas, was das Assad-Regime routinemäßig praktiziert, sondern das Assad-Regime *ist* Folter,[44] so wie Krieg das ist, was Salafisten und Dschihadisten *sind*, nicht etwas, was sie mitunter einmal machen. Syrien ist ein Folterstaat, weil es ein Staat ist, in welchem dem Sicherheitsapparat bei der Einschüchterung und Demoralisierung seiner Bürger eine zentrale Rolle zukommt. Folgt man Jean Amérys Aussage, dass Folter die Essenz des Nationalsozialismus gewesen sei,[45] so gilt dies erst recht für *Suriya al-Assad*, das Syrien unter Assad. Folter und Vernichtung gehörten zur Expansion und zum Krieg von Nazi-Deutschland, während sämtliche Kriege des Assad-Regimes nach 1973 Folterkriege waren, die nur auf Schwächere zielten und um der Ewigkeit der eigenen Herrschaft willen geführt wurden. Mit dem Prinzip des Machterhalts geht einher, dass man an die Untertanen als Quell von Gefahr denkt, also als Feind, und beständig daran arbeitet, diese Gefahr zu beseitigen. Folter ist dazu unabdingbar, wie ein halbes Jahrhundert Assad-Herrschaft zur Genüge beweist. Und so wie ein Teil der Arbeit des Machtapparates in Folter besteht, besteht ein anderer Teil darin, Spitzel zu produzieren, also die Beherrschten zum Verrat an sich selbst und an ihren Mitmenschen und Mitbürgern zu erziehen. Das Wesen des Assadismus erscheint so gesehen als ständiger bewaffneter Verrat.

Die Praktizierung einer solchen Mischung von Folter, Demütigung und Verrat über ein halbes Jahrhundert hinweg lässt das Assad-Regime wie eine ausländische Kolonialmacht erscheinen, die über eine indigene Bevölkerung herrscht, genauer wie eine »Kolonialität der Macht« gemäß der lateinamerikanischen Kritischen Theorie.[46]

Die dritte Ebene, der Staat, steht dabei über der zweiten, den Geheimdiensten, die ihrerseits über jenen stehen, die die eigentliche Folter verrichten. Der politische Kern der Assad-Herrschaft ist eine Folterbeziehung, ohne die sie keinen Bestand hätte und ohne die sie nicht fassbar wäre.

Vielleicht sollte man in Bezug auf Syrien noch über eine vierte Ebene sprechen: die Folter als Welt. Zum einen wegen der großen Zahl globaler Akteure in Syrien und weil es der auf Staaten basierenden Weltordnung immer viel wichtiger war, das Überleben des assadschen Folterstaats sicherzustellen als das Überleben derer, die dieser folterte.[47] Zum anderen aber auch, weil das, was das Überleben dieses Regimes ermöglicht hat, die Rückkehr von Folter und Ausnahmebereichen in Staaten war, die bis anhin, wir erinnern uns, gegen die Folter gepredigt hatten. Ich spreche vom »Krieg gegen den Terror«. Dieser ist kein Weltkrieg, sondern eher eine Definition der Welt als eine Kriegswelt. Wenn Armeen in der Konfrontation mit »Terrorismus« zu Geheimdiensten werden, ist der Folter als Beiwerk zum Krieg Tür und Tor geöffnet.

Wir haben in dieser Erörterung versucht, die Struktur der Folter, ihre verschiedenen Formen und Ausformungen sowie ihre unterschiedlichen Ebenen herauszuarbeiten: Verhör-, Straf-, Demütigungs- und Vernichtungsfolter, Folter von Einzelnen und Kollektiven, Folter als unmittelbare Handlung, als Institution, als Staat und als Welt.

Aufbauend auf dieser Analyse, die wiederum auf einem halben Jahrhundert Assad-Herrschaft in Syrien beruht, ergibt sich, dass (in einer Art offenem Geheimnis) Politik in den Geheimdienstabteilungen gemacht wird; Folter, die grundlegende politische Beziehung darstellt, und politische Folterbeziehungen sind der Schlüssel zum Verständnis der Assad-Herrschaft und Macht. Die Kontinuität von Folter und Macht entspricht der Kontinuität von Arbeit und Ware in Marx' Werttheorie, der zufolge Arbeitskraft als eine besondere Art von Ware und Ware als Ergebnis von Arbeit betrachtet werden kann. In der Dualität von Folter und Macht haben wir statt Arbeitern Folterer, statt Rohstoffen Gefolterte und als Folterprodukt Macht, die von ihren eigentlichen Produzenten, den Folterern, getrennt ist, so wie die Ware im Kapitalismus von ihren Produzenten abgespalten ist.

Wir können die »Produktionsweise der Macht« in Syrien in der Assad-Ära als einen Souveränitätstyp bezeichnen, der auf Folter und der Produktion von Abhängigkeit basiert. Das bedeutet, dass man über Politik in Syrien nur sprechen kann, wenn man genau hier ansetzt: bei politischen Folterstrukturen und Folterbeziehungen.

Daher wissen wir auch, wie eine emanzipative Politik aussehen sollte. Sie müsste Praktiken, Regeln und Institutionen schaffen, die darauf angelegt sind, die Folter von Individuen und Kollektiven und ganz besonders Mord und

Vernichtung zu unterbinden. Folter nimmt der Gesellschaft das Soziale und dem Staat das Politische. Daraus folgt, dass der Staat sein Monopol auf legitime Gewalt, wie von Max Weber definiert, nicht aufrechterhalten kann, es sei denn auf der Grundlage eines Folterverbots, weil es keine legitime Folter geben kann. Wenn Bashar al-Assad die Anwendung von Folter in seinem Land leugnet, lügt er, wie jeder weiß. Seine Lüge kommt jedoch auch einem Eingeständnis gleich, dass Folter illegitim ist. Und wenn eine solche illegitime Gewalt vom Staat ausgeübt wird und weit verbreitet und tief verwurzelt ist, ist es sehr wahrscheinlich, dass illegitime Gewalt auch durch die Gesellschaft in Form von Terrorismus, Kriminalität oder allgemeiner Aggression ausgeübt wird. Auf einem Schwarzmarkt für Gewalt, auf dem eine bestimmte Form von Illegitimität angeboten wird, floriert auch jede andere Form davon, und eine staatliche Illegitimität begünstigt jede Illegitimität: Terrorismus, Kriminalität und allgemeine Gesetzlosigkeit – Anomie, in den Worten von Durkheim, beflügelt Übergriffe, Selbstmord und Gewalt. Insofern ist ein Krieg gegen Terrorismus ohne einen Krieg gegen Folter fruchtlos und unstatthaft, ja, er neigt selbst zu Folter und Terror.

Wenn also die oben aufgestellte Behauptung stimmt, dass das Syrien unter Assad ein Folterstaat ist und nicht nur ein Staat, in dem Folter mitunter vorkommt, dann kann der Aufbau eines syrischen Gemeinwesens nur über den Umweg der Abschaffung der assadschen Folteragenturen erfolgen. Die Ausrottung der Geheimdienste, der »Sicherheitsinfrastruktur«, nicht etwa eine »Entbaathisierung« oder die Auflösung des Staates, wäre der Ansatz für ein neues, politikfähiges Syrien.

Die hier vorgenommene Analyse steht im Widerspruch zur Theorie Hannah Arendts von der Banalität eines Bösen, das durch Gedankenlosigkeit entsteht, wie sie es angesichts Adolf Eichmanns konstatiert hat. Aber während man der Schrift *Eichmann in Jerusalem* insofern zustimmen mag, als dass Böses nicht nur von Sadisten mit dunkler Seele getan wird und dass jeder von uns Böses tun kann und, indem er es immer wieder tut, böse *wird* – nicht umgekehrt –, dass man es also auch einüben kann und es sozial und politisch vorbereitet wird, so ist die Folter doch die unbürokratischste und zugleich persönlichste Art des Bösen sowie die, die am meisten Geistes- und Körpereinsatz erfordert.

Der Folterer denkt weniger nach als der Gefolterte. Letzterer überlegt, wie seine Qual ein Ende nehmen könnte. Solange die Folter nicht auf Vernichtung angelegt ist, belässt sie dem Gefolterten einen Rest Autonomie und Initiative. Es wurde bereits ausgeführt, dass das, was jemanden dazu bringt, einen anderen Menschen zu foltern, das mögliche Gefühl von Macht und Kontrolle ist und dass er aus so etwas – wie aus einem Kampf – als Sieger hervorgeht. Tatsächlich ist es kein echter Kampf, und wer siegt, wer also »null Verluste« erleidet, steht von vornherein fest. Aber wenn im Extremfall der Gefolterte verdinglicht, also getötet, und der Folterer zum Herren wird, stellt sich darin zwar eine nackte Foltermacht zur Schau, doch wird diese bedeutungslos, während der Tote zu einem bedeutungsvollen »Märtyrer« wird. Die Beziehung kehrt sich um, der »Göttliche« wird zum Sklaven seiner entfesselten Gewalt, während der zur Leiche »Verdinglichte« zum Symbol einer Sache und eines Befreiungskampfes wird.[48]

Unterhalb der Schwelle der Todesfolter bietet der Folterer vorrangig gedankenlose Muskelkraft auf, während dem Gefolterten ein Spielraum für Täuschungsmanöver und zum Nachdenken bleibt. Er kann seinen Peiniger mitunter übertölpeln und mit Tricks, ergo mit Politik, besiegen. Die Foltersituation entspricht demnach aufseiten des Opfers auch einer anderen Art von Politik, nämlich im Sinne von Freiheit in Konfrontation mit einer Politik (beziehungsweise Macht), die den Tod bedeutet. Zudem mag dem Gefolterten das Glück zuteilwerden, dass er dem Todesengel entkommen und in die Freiheit fliehen kann, wie die später verschleppte Razan Zeitouna in ihrem angeführten Bericht schilderte.

In Nazi-Deutschland, Arendts Referenz für das Nachdenken über das Böse, fand auch Folter statt, aber die meisten Vernichtungsopfer wurden nicht für etwas eliminiert, was sie getan hatten, sondern für das, was sie *waren*: Juden, Sinti und Roma, Slawen, Menschen mit Behinderungen et cetera. Dass man sie definierte, zuordnete, diskriminierte und aussonderte, war Teil des Völkermords. Arendts Reflexionen über das Böse erwuchsen aus dem Prozess gegen Eichmann, der als Bürokrat für den Transport von jüdischen Menschen in die Konzentrationslager der Nazis zuständig war. Hätte sie es mit einem Funktionär der Gestapo oder der SS zu tun gehabt, die vor Ort gemordet hatten, wäre sie wahrscheinlich zu anderen Schlüssen gekommen. Jean Améry, auf den hier mehrfach Bezug genommen wurde, kommentierte Arendts Theorie einmal bitter mit den Worten, sie habe »den Menschenfeind nur vom Hörensagen« gekannt, »ihn nur durch den gläsernen Käfig« gesehen.[49]

Letztlich neige ich dazu, zu behaupten, dass Folter für die Definition des radikalen Bösen infrage kommt, wie Arendt es von Kant entlehnt und in *Elemente und Ursprünge totaler Herrschaft* verwendet hat, also das Böse aus böser Absicht und zu einem bösen Zweck.

Wenn wir zu den Ebenen der syrischen Folter, dem Handeln, dem Apparat und dem Staat, zurückkehren, dann ist die Ebene des Staates die des Denkens und der Entscheidung, die bestimmen kann, wer verhaftet, gefoltert, ins Gefängnis gesteckt oder hingerichtet wird. Der Apparat ist demgegenüber die Verwaltung, die Verhaftung, Folter, Einkerkerung und Hinrichtung organisiert und das Handeln in die Arbeit der letzten Ebene überführt, die der Folterarmee. Auch die Struktur der assadschen Sicherheitsabteilungen weist diese Dreiteilung auf: ein luxuriöses Büro für den Leiter der Abteilung, der die Operationen leitet und bei dem die Informationen zusammenlaufen, Verwaltungsbüros für Offiziere, Ermittler und Dokumentationsbeamte und schließlich Räume für die Mitarbeiter niederer Ränge, die den Folterkellern am nächsten liegen. Das Böse ist in beiden Fällen, im Staat ebenso wie in der »Abteilung«, in der Spitze konzentriert.

Ich schließe mit etwas, was wie eine dialektische Metamorphose zwischen Folterer und Gefoltertem wirkt. Ersterer verlässt die Menschlichkeit in Richtung Herrschaft und Gottwerdung, aber auch in Richtung Schweigen. Der Folterer hat über seine Arbeit nichts zu sagen, er hat keine eigene Geschichte, die man Interessierten erzählen könnte und die eine Moral oder eine Lektion bereithielte.[50] Der Gefolterte dagegen, der auf einen Körper reduziert, der minorisiert und verdinglicht wird, hat zumindest dann eine Geschichte, wenn er überlebt – eine Geschichte von Kampf und Gefahr um der Freiheit willen, seiner persönlichen wie der allgemeinen. Und selbst wenn er stirbt, wird er zu einem Symbol und erlangt Bedeutung, er wird zu einer Geschichte, die die erzählen, die nach ihm kommen.

Das Palmyra-System

Saydnaya, rassistische Verwandlung, Vernichtung

Mit »Human Slaughterhouse« – »Menschliches Schlachthaus« war der erschreckende Bericht überschrieben, den Amnesty International am 7. Februar 2017 über das Gefängnis von Saydnaya in Syrien veröffentlichte. Bei aller politischer und rhetorischer Zurückhaltung, die die Organisation für gewöhnlich übt, beginnt der Bericht mit diesem schockierenden Satz: »Im Militärgefängnis Saydnaya schlachtet der syrische Staat geräuschlos das eigene Volk ab.« Auf knapp fünfzig Seiten werden Tatsachen angeführt, die erschauern lassen: Folter, Demütigung, Aushungerung, Entmenschlichung und Mord in einer abgeschotteten, gut bewachten Hölle. Amnesty weist »kollektives Erhängen und systematische Vernichtung« in dem Gefängnis nach und schätzt die Zahl erhängter Häftlinge zwischen September 2011 und Ende 2015 auf 5000 bis 13 000.

Wer in Syrien unter Assad selbst Gefängniserfahrung hat, glaubt die meisten der im Amnesty-Bericht benannten Fakten bereits zu kennen. Und dennoch scheint das Grauen ein Ausmaß angenommen zu haben, das selbst die Häftlinge aus Palmyra in den Achtziger- und Neunzigerjahren des 20. Jahrhunderts noch nicht ermessen konnten – Häftlinge, die täglich willkürlicher Folter unterzogen und von denen regelmäßig einzelne hingerichtet wurden. Die meisten von ihnen gehörten den Muslimbrüdern an oder wurden ihnen zugerechnet, darunter auch Frauen, von denen manche bis zu neun Jahre im Gefängnis zubrachten. Aber auch linke politische Gefangene und am irakischen Regime orientierte Baathisten wurden dort über Jahre hinweg gefoltert. Dem Bericht zufolge dauerte es knapp zwei Jahrzehnte, von 1980 bis 2000, bis die Zahl der Vermissten in Syrien unter Hafiz al-Assad zwischen 15 000 und 17 000 lag,[51] während heute, unter Bashar al-Assad, in nur vier Jahren und drei Monaten wohl bis zu 13 000 Menschen in dem Gefängnis von Saydnaya getötet worden sind. Und dabei ist Saydnaya durchaus nicht das einzige Schlachthaus, das in Syrien unter Assad betrieben wird.

Die Palmyra-Methode, die Hafiz al-Assad begründet hatte, wird auch unter seinem Sohn fortgeführt, aber in größerem Ausmaß und nach Verlegung der Hauptfabrik des Horrors von Palmyra nach Saydnaya. Die »Palmyrisierung« Syriens, das heißt die Anwendung des im Gefängnis von Palmyra gängigen Systems im gesamten Land zur Zerstörung der syrischen Gesellschaft, stellt somit eine Leistung Bashars dar, und sein Name kann historisch dafür stehen. Ebendieses System Palmyra, also das, was in der Haftanstalt von Palmyra seinen Anfang nahm und heute in Saydnaya fortgesetzt wird und was beide zu Haft- und Folterlagern macht, für die die Bezeichnung Gefängnis nicht mehr ausreicht, soll in diesem Essay untersucht werden. Zudem sollen die Unterschiede zwischen der Todesindustrie unter Assad und derjenigen unter den Nazis und unter Stalin herausgearbeitet sowie eine mögliche Erklärung für die genozidale Tendenz des Assad-Staates geboten werden, bevor wir einen Blick auf die internationalen politischen und kulturellen Voraussetzungen werfen, die dieser assadschen Mordmaschinerie bis heute Straflosigkeit sichern.

Zu den schockierendsten Dingen für politische Gefangene im »Syrien Assads« – und insbesondere in Gefängnissen wie dem von Palmyra oder Saydnaya – gehört, wie sehr die Folterer ihre Arbeit lieben und dass sie, wie man in Damaskus sagt, wenn jemand eine Arbeit besonders gekonnt ausübt, in »frommer Hingabe« zu Werke gehen. Für die Folterer geht es nicht um die routinierte Ausführung einer lästigen Arbeit, die man gezwungenermaßen macht, weil man dafür angestellt wurde. Im Gegenteil herrscht hier ein großes Maß an Freiwilligkeit und Freiheit, an echter Liebe zur Arbeit. Ständig ersinnen die Folterer neue Methoden. Nichts ist hier zu sehen von einer »Banalität des Bösen«, wie Hannah Arendt es genannt hatte: eines Bösen, das einer disziplinierten, bürokratischen Routine unterliegt, die ohne direkte, persönliche Anteilnahme oder freie Initiative der Ausführenden auskommt und wie sie in den Konzentrationslagern der Nationalsozialisten vorherrschte. Es gab dort ja nicht einmal Folterer, es gab nur eine Maschinerie, in der Menschen gemäß einem festgelegten System eine festgelegte Rolle spielten. Es war nie etwas Persönliches, wie Primo Levi über seine Erfahrungen in Auschwitz sinngemäß schrieb. Der einzelne Gefangene war dort lediglich Teil einer »Armee« von Gefangenen, die kollektiv zur Arbeit gezwungen wurden (wenn auch in einem gewissen Maß arbeitsteilig, je nach etwaigen Qualifikationen), kollektiv hungern mussten und kollektiv ermordet wurden. Das Morden geschah in den KZs »industriell« und war verbunden mit einem rationalisierten und kapitalistischen Produktionssystem, in dem die Gefangenen, deren Arbeitskraft nicht mehr genügend hergab, zur Vergasung selektiert wurden. Dem vorgeschaltet war eine rassistische Theorie von der Minderwertigkeit von Juden, Sinti und Roma sowie von Kranken und so weiter als auch eine Theorie von der Überlegenheit der germanischen Rasse – »Deutschland über alles« lautete der Text der nationalsozialistischen Nationalhymne. Aber einen starken persönlichen Impetus gegen die Gefangenen vonseiten der Nazitäter gab es in den Lagern offenbar nicht.

Levi fragt in seinem Buch: »Wie kann man einen Menschen schlagen, ohne zornig zu sein?«, und gibt an, das einzige Gefühl, das die erste Ohrfeige, die er erhielt, bei ihm zurückließ, sei »tiefe Verwunderung« gewesen.[52] (Eher hätte man Erniedrigung, Wut, oder Hass erwartet.) Seine Erinnerungen erwecken den Eindruck, der körperliche Kontakt zwischen der SS und ihren jüdischen Opfern (sowie den Kriminellen und politischen Opponenten) sei sehr begrenzt gewesen. Und Louis Althusser, der drei Jahre als französischer Kriegsgefangener in einem deutschen KZ zugebracht hatte, zeichnet in seinen Memoiren *Die Zukunft hat Zeit. Die Tatsachen* ein zwar weniger brutales Bild, doch auch seine Erfahrungen vermitteln den Eindruck eines rationalisierten, unpersönlichen Systems.[53]

Ein Gefangener unter Assad erfährt im Gegensatz dazu geradezu freudig ausgeübtes Böses, bei dem der Initiative und der Kreativität des Folterers kaum Grenzen gesetzt sind, und immer findet ein direkter körperlicher Kontakt statt. Beispielsweise kommt es vor, dass zwei Folterer einen dürren Gefangenen an Händen und Füßen packen, ihn in der Luft schaukeln und dabei heiter rufen: »Eins, zwei, eins, zwei…«, bis sie ihn los- und auf den Zementboden fallen lassen, wo er sich den Hals oder den Rücken bricht und innerhalb von Minuten verstirbt. Oder ein Folterer nimmt Anlauf und springt einem auf dem Bauch liegenden Häftling auf den Rücken, ebenfalls auf einem Betonboden, und auch dieser stirbt innerhalb kürzester Zeit. Beides sind Beispiele, die mir ein aus Hama stammender Freund aus Universitätstagen erzählte, nachdem er zwölf Jahre im Gefängnis von Palmyra zugebracht hatte.[54] Und wenn es zu keinem direkten Körperkontakt kommt, dann allein, weil ein Folterinstrument dazwischensteht.

Ich selbst wurde nach meiner Verhaftung Ende des Jahres 1980 gefoltert, ohne dass mein Tod dabei vorgesehen war, und mein Folterer wandte beträchtliche Muskelkraft auf. Er arbeitete gegen die Zeit und wollte die Aufgabe schnell hinter sich bringen. Da mein Körper ihm jedoch nicht in Gänze ausgeliefert war, waren seiner Kreativität Grenzen gesetzt. Er stopfte mir einen dünnen Bambusstock in die Nase und stocherte darin herum, während ich eine Ohnmacht vortäuschte, bis ich in Blut schwamm. Ein Kollege von ihm trat mir mit dem Schuh auf den Mund, damit ich nicht schrie. Bei alldem steckte ich in einem Reifen fest und hatte die Hände auf dem Rücken zusammengebunden. Oder ich war auf dem »Fliegenden Teppich«, einer Art Streckbrett, festgeschnallt. Es handelte sich mithin um Routinefolter, so widersprüchlich dieser Begriff auch sein mag, impliziert er doch, der Folterer sei eine reine Martermaschine, die nur dazu da sei, das gewünschte Ergebnis zu liefern: ein Geständnis des Gefolterten, ohne Emotionen vonseiten des Peinigers und ohne ermüdendes Antasten der körperlichen Integrität des Opfers. So aber ist es keinesfalls. Die syrische Folter verläuft eben nicht routiniert und gefühllos, auch wenn wir linken politischen Gefangenen insgesamt »routinierter« gefoltert wurden als die Islamisten, bei denen das Ausmaß an Kreativität beim Foltern sehr viel ausgeprägter war. Der Erfindungsspielraum, so lässt sich im Allgemeinen sagen, nahm exponentiell zu, je schutzloser jemand den Folterern ausgeliefert war – und dies galt für die Islamisten ganz besonders. Ans Äußerste zu gehen, also islamistische Gefangene unter Folter zu ermorden, war zulässig und für die Täter folgenlos (wogegen von uns Linken nur einzelne zu Tode gefoltert wurden).

Im Fazit beruht das palmyrische System auf Kreativität beim Foltern. Wenn Gewohnheit und Kreativität sich widersprechende Begriffe sind, ist dem Assadismus, der sonst nichts geschaffen hat, immerhin zugutezuhalten, dass er Erfindungsreichtum zu einem eingespielten System gemacht und ausgerechnet in der Folter eine Kreativität freigesetzt hat, für die es in der Geschichte kaum ein anderes Beispiel gibt.

SYSTEME DES TÖTENS

Das kollektive Vernichtungssystem unter Assad und das der Nationalsozialisten mögen zwar den Massenmord gemein haben, aber die deutschen Konzentrationslager waren wesentlich stärker rationalisiert. Die Nazis bauten eine hochorganisierte und produktive Tötungsindustrie auf, in der die ausführenden Personen der Waffen-SS von den Mordinstrumenten getrennt blieben. Diese »gehörten« ihnen nicht, ganz so, wie es in der kapitalistischen Produktionsweise üblich ist. Die Ausführenden waren aber auch keine bloßen Proletarier, die produzieren, um weiterzuleben, sondern sie waren Freiwillige einer Mordindustrie, genauer: Organisatoren, zuständig für die Arbeitseinteilung der wirtschaftlich brauchbaren Gefangenen und für die Ermordung der Unbrauchbaren, das heißt der Kinder und der Kranken.

Das Wort »Folterer« passt nicht recht auf die Mordproduzenten des Nationalsozialismus. Der Einzelne war hier nur ein Rädchen in einer Mordindustrie, die ihm keinen Spielraum für eigene Initiativen gab. Demgegenüber kann man das Morden unter Assad allenfalls vom Quantitativen, also der Zahl der Getöteten her, als industriell bezeichnen. Von der Organisation und dem Rationalisierungsgrad her nimmt es sich im Vergleich hingegen bescheiden aus. Zwar ging die Bezeichnung »industriell« für das staatliche Morden in Syrien bei der Berichterstattung über die *Caesar Files* auch durch die westliche Presse,[55] aber man muss es konkretisieren: Von einer Mordindustrie unter Assad lässt sich allein insofern sprechen, als dass sie zum einen relativ produktiv und zum anderen gut organisiert ist, wie die Dokumentation der Tötungen und der Nummerierung der Toten zeigt.[56]

Aber im Grunde verbleibt das Morden unter Assad unterhalb eines industriellen Niveaus, gemessen an den Produktionsmitteln Folter und Galgen (die Produktionsweise kommt hier eher der in einer Manufaktur gleich, mit schwach ausgeprägter Arbeitsteilung). Damit tötet man Einzelne, es mögen pro Durchgang zwischen zwanzig und fünfzig Personen sein, so der Amnesty-Bericht, der sich auf Berichte ehemaliger Gefangener und desertierter Militärpolizisten und Richter stützt.[57] Und selbst wenn wir die in Assads Gefängnissen an Hunger und Krankheiten Gestorbenen dazuzählen, bleibt das Töten doch ein nicht-maschinelles im Vergleich zu den Gaskammern der Nazis. Insofern lässt sich bekräftigen, dass der Anteil von Wissenschaft und moderner Technologie bei den Morden unter Assad im Vergleich zum Nationalsozialismus bescheiden ist. Um sechs Millionen Syrer zu töten – so viele Juden wurden in etwa von den Nazis ermordet –, bedürfte es einer technischen Revolution, um das bisher manufakturhafte System zu überwinden.

Zwar beschränkt sich auch die Zahl der Opfer des Nationalsozialismus nicht auf diejenigen, die in Gaskammern ermordet wurden, sondern umfasst auch Zahllose, die in den Konzentrationslagern an Hunger und Krankheiten starben oder von der Nachhut der Wehrmacht erschossen wurden.[58] Dennoch aber war das nationalsozialistische System von Zwangsarbeit und Ermordung eines mit kollektivem Charakter, der seinerseits jeder Kreativität der Täter Grenzen setzte.

In Assads Schattengefängnissen, wie ich etwa dasjenige in Palmyra unter Hafiz und das in Saydnaya unter Bashar nennen möchte, sowie in allen Sicherheitsabteilungen Syriens wird kollektive Folter praktiziert, aber ihre schlimmste Form trifft immer nur Einzelne, die man, wie in Palmyra, aus einem bestimmten oder auch ohne Grund »markiert« und denen man eine besondere Strafe zukommen lässt, für die es kein »Preisschild« gibt. Alles hängt dabei von der persönlichen Laune eines Folterers und von seinen Vorlieben ab. Das System ist von oben so angelegt, dass es dieses Maß an Freiheit zulässt.

Im bescheidenen technologischen Entwicklungsstand des staatlichen Mordens in Syrien ist der Grund dafür zu suchen, dass man dort Muskelkraft und körperlichen Kontakt walten lassen muss, was wiederum die größere Freiheit der Todeshandwerker Assads erklärt. Sie können nur dann genügend Tote produzieren, wenn ihnen die Körper der Gefangenen uneingeschränkt zur Verfügung stehen und sie volle Freiheit haben, nach Belieben mit ihnen zu verfahren. Daher rührt die »fromme Hingabe«, mit der sie ihrer Arbeit nachkommen, und hier zeigt sich auch, dass für sie der Begriff Folterer besser passt als für ihre Nazi-Kollegen.

Der Folterer ist in Syrien ein einfacher Handwerker, er besitzt seine Werkzeuge nicht, er nimmt weder den Reifen noch den fliegenden Teppich noch das vieradrige Kabel mit nach Hause. Doch neben seiner Identifikation mit dem »Lehrer« (so wurde Hafiz al-Assad tituliert, und so spricht man bis heute die Direktoren der Sicherheitsabteilungen und Anführer informeller *Shabbiha*-Kampfgruppen des Regimes an) ist es die soziopolitische Organisation des Tötens, bei der dem Konfessionalismus eine wichtige Rolle zukommt, die es dem Handwerker erleichtert, mit Eifer zu töten. Letztere gibt den Todeshandwerkern das Gefühl, die Mordwerkzeuge und das Todessystem, also der Assad-Staat, würden ihnen »gehören«.

Der Unterschied zwischen den Mordmethoden unter Assad und unter den Nazis verweist somit auf zwei Arten der Todesökonomie und ihrer jeweiligen sozialen Organisation. Das Töten verlief unter den Nationalsozialisten, wie erwähnt, in einer kapitalistischen Weise, indem die Arbeitskraft der Gefangenen vor ihrer Vergasung bis zum Äußersten ausgeschöpft wurde. Zwar wurden jüdische Menschen getötet, weil sie Juden waren, aber die Gruppe der »wirtschaftlich verwertbaren Juden«, der auch Primo Levi zugeordnet wurde, beutete man bis zum Schluss aus.[59] Dennoch agierte das nationalsozialistische Mordsystem nur begrenzt rational, was sich darin ausdrückte, wie gleichgültig es im Hinblick auf die Reproduktion der Arbeitskraft der Gefangenen war – in seinem antisemitischen Rassismus und dem Hinarbeiten auf die »Endlösung« selbst dann noch, als diese ab 1942 Ressourcen band, die für die Kriegsanstrengung des Hitlerregimes notwendig gewesen wären.

Das assadsche Mordsystem dagegen beruht auf der Rentierwirtschaft einer Familienherrschaft, die den Staat privatisiert und öffentliche Ressourcen für sich vereinnahmt hat. Der Staat ist ein Ölbrunnen, der nie endende Gewinne abwirft, was dem Assad-Staat, wie jedem Rentierstaat, erlaubt, weitgehend unabhängig von seinen Untertanen zu existieren. Er muss an die Syrer nicht als produktive Bürger denken und kann sich jederzeit von jenen trennen, die gegen ihn aufbegehren, handelt es sich bei ihnen doch allenfalls um eine Gefahr und nicht um Menschen, die dem Staat nützlich sein könnten.

Das sowjetische Mordmodell wiederum scheint noch stärker auf Produktion ausgerichtet gewesen zu sein als das der Nazis, wie es dem Buch *Welt ohne Erbarmen* des polnischen Juden Gustaw Herling-Grudziński zu entnehmen ist, der in einem sowjetischen Gulag inhaftiert war.[60] Die sowjetischen Gulag-Gefängnisse (laut Herling befanden sich zu Beginn der Vierzigerjahre des 20. Jahrhunderts schätzungsweise an die zwanzig Millionen Häftlinge darin!) waren Zwangsarbeitslager, was auf den zentralen Stellenwert von Arbeit und Produktivität hindeutet. Und auch wenn auf diejenigen, deren Arbeitskraft aufgezehrt war und die Hunger und Krankheiten dahinrafften, das Grab wartete und keine Gaskammer, so war das sowjetische Haftmodell in Bezug darauf, wie man die Arbeitskraft der Gefangenen nutzte, doch nahe am KZ-System der Nationalsozialisten. Das Töten dagegen ähnelte in der Sowjetunion eher dem unter Assad, da es nicht maschinell erfolgte und die Gefangenen zwar in großer Zahl, aber jeweils vereinzelt verstarben. Der wesentliche Unterschied zwischen dem Mordsystem des Nationalsozialismus und der Sowjetunion und demjenigen im Assad-Staat besteht jedoch darin, dass in den syrischen Schattengefängnissen an die Stelle von Schwerstarbeit wie bei den Russen und bei den Deutschen Folter tritt. Auch in den Konzentrationslagern und Gulags wurden die Gefangenen schwer misshandelt und litten überwiegend Hunger, aber gefoltert wurden nur solche, die Widerstand leisteten. In Assads Knästen hingegen herrscht beides: Folter und Hunger.

Die Verschwendung von Menschenleben und der willkürliche Umgang damit sind das Gemeinsame zwischen den drei Mordsystemen. Das unter Assad praktizierte hebt sich nur insofern ab, als es stärker auf die einzelnen Personen fokussiert, hasserfüllter und demütigender ist.

HASS UND KONFESSIONALISMUS

Abseits des Ökonomischen spielt das Politische eine wichtige Rolle für den sozialen und ideologischen Zusammenhalt. Die Folterer des Assad-Staates erfahren seit Jahrzehnten eine Vorzugsbehandlung durch den Staat, mit dem sie sich identifizieren und den sie als ihren Besitz betrachten, sodass sie zu dessen eifrigsten Beschützern geworden sind. Identifikation heißt hier Liebe. Wir gehen auf in dem, den wir lieben und verehren, und wir tun dies nicht in Bezug auf jemanden, den wir nicht lieben oder verehren. Die von uns geliebte und verehrte Person ist unser Ideal, unsere Stütze und unser Stolz. Dafür stehen Parolen wie »Unser Anführer auf ewig« und »Hafiz al-Assad, auf den wir trauen« (oder auch »Unser Herr Muhammad« bei den »Aslamisten«[61]). Für den ewigen Führer tun wir alles, für ihn foltern und töten wir. Identifikation heißt, dass das, womit wir uns identifizieren sollen, von uns verinnerlicht wird und wir es persönlich wollen. Das, was ihn »zufriedenstellt«, macht auch uns zufrieden, die wir an ihn glauben. Wir gehen im Dienst an ihm auf und opfern uns für ihn.

Eine solche Identifikation ist stets personenbezogen. In der ersten Assad-Ära war das Identifikationsobjekt Hafiz al-Assad, heute ist es Bashar (wohl eher kraft seines Amtes und dessen Ererbung als kraft seiner Person). Die bestialischsten Folterer des Assad-Staates, die die größte Feindschaft gegenüber dessen Opponenten hegen, sind die, die diesen Staat am innigsten lieben und verehren und die im Dienst nicht etwa an »Syrien«, an einer »Heimat« oder einem abstrakten Staat, sondern an diesem *al-Assad-Staat* aufgehen – auch wenn die Ideologie der Assadisten auf der Nutzung genau dieser Zweideutigkeit zu ihrem Vorteil beruht. Das ist in juristischer Hinsicht bedeutsam, denn das Mordsystem in der Assad-Ära ist mit der Loyalität zu einer Person in einer Weise verknüpft, die diese Person direkt für jeden Mord und jeden Akt der Folter verantwortlich macht, die in ihrer Herrschaftszeit begangen werden. Dies rechtfertigt entsprechend, zu sagen, dass Hafiz und nach ihm Bashar persönlich die Quelle des Bösen in ihrer beider System war beziehungsweise ist und dass das Böse ihres Regimes in dessen Spitze konzentriert ist.

Insofern Assads Folterer also Häftlinge auch aus persönlichem Groll töten, dann tun sie das, weil sie zu diesen eine Beziehung der Gegnerschaft mit allem, was damit an Hassgefühlen und Willen zu Erniedrigung und Mord einhergeht, empfinden. Wir pflegen unsere Identität und unsere Identifikationen, indem wir deren Feinde ausschließen und besiegen. Wenn die Identifikation die höchste Stufe der Verschmelzung mit dem Identifizierungsobjekt erreicht und man in diesem – in der Sprache des Sufismus – »aufgeht«, dann ist dies von dem Willen begleitet, denjenigen zu beseitigen, zu dem wir eine Beziehung der Gegnerschaft haben, ihn mithin zu vernichten. Wie diese Vernichtung aussehen kann, drückt sich in Parolen aus wie: »Assad oder keiner!« oder »Assad, oder wir brennen das Land nieder!« Darin drückt sich der Wunsch aus, alle zu töten, falls es Assad, dem Objekt der Identifikation und der Stütze der eigenen Identität, nicht beschieden sein sollte, auf ewig zu herrschen.

Die Assad-Gefängnisse unterscheiden sich von Konzentrationslagern und sowjetischen Lagern also hinsichtlich einer starken Neigung zur persönlichen Demütigung aus persönlichem Hass. Soweit ich mich über die Zustände in Nazi- und Sowjetstraflagern informieren konnte, gab es dort keine Vergewaltigungen zum Zwecke der Demütigung an gefangenen Männern, Frauen oder Kindern. Im Gegenteil war nach der Rassentheorie der Nationalsozialisten jeglicher sexuelle Kontakt zu Juden, zu Polen oder zu anderen »niedriger« stehenden Völkern geächtet, und es scheint, als sei nur selten gegen dieses Verbot verstoßen worden. In den Assad-Gefängnissen dagegen findet sich seit der Revolution eine Vielzahl an Berichten über Vergewaltigungen. Der Wille, die Demütigung möglichst vielen Gefangenen zukommen zu lassen, bringt überdies viele Folterer dazu, die Häftlinge dazu zu zwingen, sich wechselseitig sexuell aneinander zu vergehen, wie es im Bericht von Amnesty International heißt.[62] Gefangene dazu zu bringen, sich gegenseitig zu ohrfeigen, lässt sich auf dieselbe Motivation zurückzuführen wie die, durch Vergewaltigung möglichst viele Menschen zu demütigen und die Gemeinschaft zu zerstören. Die Gefangenen sollen sich selbst und einander hassen.

Als Energiequelle, aus der sich aktive Identifikation und Antipathie speist, bietet der Konfessionalismus ein großes Maß an Loyalität (ohne oder mit nur geringer Gegenleistung), und diese Loyalität bringt eine große Bereitschaft zu Demütigung und Mord (ohne Konsequenzen für die Täter) mit sich. So gesehen zahlt sich Konfessionalismus politisch aus beziehungsweise birgt er nur geringe politische Kosten, während sein Ertrag mit einer Mine zur Förderung von billigem Loyalismus vergleichbar ist, die einen zum »Mitbesitzer« des Staates macht. Konfessionalismus richtet sich gegen eine Rationalisierung der Politik und des

Gesellschaftssystems, so wie Ölerträge in erdölfördernden Ländern gesellschaftlicher und politischer Aufklärung entgegenstehen.

Was mit der Identifikation an Hass einhergeht, gehört zum Schockierendsten, was ein Verhafteter erlebt, sobald er den Assad-Folterern in die Hände fällt. Nicht nur fehlt es hier an Abstraktheit und Routine, vielmehr hat man es mit einem Verhältnis von persönlicher Feindschaft zu tun, so als hätte man dem Folterer persönlich etwas angetan, der sich nun dafür rächen wolle. Das deutet auf ein fortgeschrittenes Stadium von Identifikation mit dem Regime oder »Liebe« zu ihm hin, was auch durch Verwandtschaftsbeziehungen tatsächlicher oder vermuteter Art gefördert wird, wodurch eine oppositionelle Haltung zum Regime zu einem Angriff auf seine Anhänger und die sich mit ihm Identifizierenden betrachtet wird. Diejenigen, die die Gefangenen hassen, sind die, die Assad und seine treuesten Anhänger lieben. Die Folterer hassen die Gefangenen, weil Assad, den sie lieben, sie hasst.[63]

Hass ist die eine Seite einer Beziehung der Antipathie, so wie Liebe eine Seite der Identifikation ist. Jene, denen in Syrien besonders Grauenhaftes angetan wurde, waren die »verhassten Konfessionalisten«, wie das Assad-Regime sie zu bezeichnen pflegte, also diejenigen, die ihm das Gewaltmonopol streitig machen wollten und darauf hinarbeiteten, Hafiz al-Assads »Platz einzunehmen«: die Islamisten. Auch deshalb findet die permanente Folter und das Morden in den Schattengefängnissen des Regimes statt, etwa in Palmyra unter Assad senior oder in Saydnaya unter Assad junior, und nicht in den öffentlich sichtbaren Gefängnissen. Denn die Schattengefängnisse sind Orte der schlimmsten konfessionellen Antipathie zwischen Gefangenen und

Wärtern, während bekannte Gefängnisse wie Adra bei Damaskus und Al-Muslimiya bei Aleppo, ja selbst Saydnaya während der Hafiz-Ära, normale syrische Gefängnisse sind beziehungsweise waren, bei denen die konfessionell gemischte Zusammensetzung der Häftlinge sich kaum von der der Wärter unterscheidet. Diese sichtbaren Gefängnisse sind das Pendant zum sichtbaren Staat, der öffentlich auftritt und scheinbar keine gesellschaftlichen Unterteilungen vornimmt.

Ein Schattengefängnis dagegen ist ein Haft- und Folterlager und kein Gefängnis im gebräuchlichen Wortsinn. In Schattengefängnissen befinden sich Verschleppte, nicht Häftlinge. Sie verbringen in solchen Lagern bis zu zwanzig Jahren, ohne dass ihre Angehörigen etwas über sie wissen. Es kommt vor, dass sie dort sterben und ihre Familien erst Jahre später über andere Überlebende desselben Lagers davon erfahren.[64]

Mit der Dualität von sichtbaren und geheimen Gefängnissen kopiert der Assad-Staat die Grundstruktur des öffentlich auftretenden und des Schattenstaates.[65] Das Geheime und das Öffentliche gründen hier auf einer Verschmelzung von Polizeistaat und Konfessionalismus, die verborgen hinter dem sichtbaren Staat liegen.

DER KONFESSIONALISTISCH-RASSISTISCHE KOMPLEX

Wenn der Konfessionalismus sich auf der Ebene eines Schattenstaates, durch unausgesprochene Symbole und einen nicht-offiziellen Diskurs entfaltet, welcher wiederum auf verkappten Gesten und Anspielungen beruht, so hilft uns das zu verstehen, wie dieser geheime Staat mit schlimmster Gewalt, Mord und Bestialität verwoben ist und wie diese im Gefängnis von Palmyra unter Assad senior und im Gefängnis von Saydnaya unter Assad junior praktiziert wurden und werden. Zugleich hilft es uns, zu verstehen, welche genozidalen Fähigkeiten der Assad-Staat in beiden Äras entwickeln konnte.

Zunächst müssen wir uns dazu kurz mit dem Begriff des Konfessionalismus befassen. Mir scheint nämlich, dass dieser angesichts der Verwicklungen der syrischen Revolution nicht mehr ausreicht, um all das abzudecken, was wir seit den Achtzigerjahren des 20. Jahrhunderts an Ereignissen, Bezügen und Prozessen darunter zu fassen gewohnt sind. Von der Semantik her verweist das arabische Wort für »Konfessionalismus« *(ta'ifiya)* auf eine beliebige gesellschaftliche Gruppe (»zwischen eins und tausend«, so das Wörterbuch *Lisan al-Arab*;[66] die Islamisten beziehen sich ausschließlich auf diesen denotativen Aspekt des Begriffs, um den Begriff *ta'ifa* (»Konfessions*gruppe*«) für sich selbst als Sunniten auszuschließen). Von der zeitgenössischen Konnotation her aber verweist *ta'ifa* auf eine religiöse Gruppe innerhalb einer Gesellschaft, in welcher die Gemeinsamkeiten die Unterschiede zwischen den Konfessionsgruppen überwiegen. Selbst bei komplexerer theoretischer Betrachtung ist festzustellen, dass hinter der Herausbildung von Konfessionsgruppen Staat und Politik stehen, die religiöse und konfessionelle Unterschiedlichkeiten zwischen Gemeinschaften erst schaffen, sodass es – im Gegensatz zur gängigen Vorstellung – ebenjener Konfessionalismus in Staat und Politik ist, der zur Entstehung von konfessionellen Gruppen führt.[67]

Der Begriff erscheint heute in all seinen Kontexten unzureichend. Nicht nur, dass er unsinnige Unterscheidungen zwischen Landesbürgern und gesellschaftlicher

Privilegiertheit sowie politischer Dominanz in einer Weise produziert, die diese Unterschiede zementiert, sondern es wird darüber hinaus ein hierarchisches System von Diskriminierungen und Vorrechten geschaffen, das die einen über die anderen stellt, sodass die Vernichtung der jeweils weiter unten Stehenden begünstigt wird. Zugleich werden Anschauungen und eine Kultur entwickelt, die eine grundlegende, wechselseitige Andersartigkeit unterstellt. Der Begriff des Konfessionalismus ist zu schwach, um diese zunehmende Tendenz abzubilden. Eher geeignet scheint mir der Begriff Rassismus zu sein. Was diesen Terminus auszeichnet, ist, dass er auf eine Trennung zwischen Gruppen nach Abstammung und auf eine damit einhergehende Rangunterscheidung hindeutet. Entsprechend umfasst er auch eine klassenbezogene Dimension, die sich zur gesellschaftlichen Aufteilung beigesellt, sowie eine psychokulturelle, die die Abstufungen essenziell macht beziehungsweise »rassifiziert« und so regelrecht zwei Welten voneinander abgrenzt. Das Assad-Regime hat über zwei Generationen eine Verwandlung des Konfessionalismus von einem historisch ererbten »Dünkel« zu einem grundlegenden Mechanismus der Staatsmacht und ihrer Reproduktion sowie zu einem tatsächlichen System rassistischer Diskriminierung bewirkt. Zwei große, verheerende Konflikte, der von 1979 bis 1982 mit den Muslimbrüdern und der seit 2011, haben uns an diesen Punkt gebracht, und im Ergebnis wurde aus einem politischen Konflikt ein Krieg und aus dem Krieg Vernichtung – eine Vernichtung, die dem Rassismus eingeschrieben ist.

Neben den beiden Konflikten entwickelte sich der Konfessionalismus im Zusammenhang mit zwei Vorgängen in zwei Generationen der Assad-Herrschaft in Richtung Rassismus: durch die Vererbung der Präsidentschaft vom Vater auf den Sohn, wodurch eine monarchisch-aristokratische Dynastie begründet wurde, und durch eine ökonomische, die Justiz und Bürokratie über einen Zeitraum von vierzig Jahren immer weiter erodierende Wende unter Bashar, durch die jene immer reicher werden, die den Machtzentren am nächsten stehen, und diejenigen immer stärker an den Rand gedrängt werden, die über keine effektiven Netzwerke der Günstlingswirtschaft verfügen. Zentral in der Wirtschaftswende unter Bashar war, dass sich Günstlinge des Assad-Staates der Wirtschaft und der öffentlichen Ressourcen bemächtigen konnten und Syrien sich so in eine Plutokratie verwandelte. Ein Sprung in Richtung Rassismus erfolgte zudem in den Jahren nach der Revolution von 2011, indem die Maschinerie der von Wohlhabenden gesteuerten öffentlichen Macht an breit angelegten genozidalen Praktiken mitwirkte. Und nachdem Hunderttausende seiner Untertanen getötet und Millionen vertrieben worden waren, nachdem er, begleitet von den Mannen seines Regimes, durch den von Vertreibung gezeichneten Damaszener Vorort Dārayyā gelaufen war,[68] brachte Bashar al-Assad es fertig, zu sagen, die gesellschaftliche Zusammensetzung Syriens sei nun eine bessere als zuvor.[69] Es konnte nicht anders als eine Siegesfeier verstanden werden.

Der in Syrien vorherrschende Rassismus wird auch dadurch begünstigt, dass der Terrorismus »islamisiert« wird und dadurch der »Krieg gegen den Terror« etwas Islamophobes bekommt, was Identifikations- und antipathischen Beziehungen im syrischen Zusammenhang zudem eine internationale strategische Tiefe verleiht. Durch den »Krieg gegen den Terror« – und indem seit 2011 zu genozidalen Praktiken in Syrien geschwiegen wird – wurde die internationale Ordnung zu einer Stütze des rassistischen Wandels in Syrien.

Oft wird gegen eine Verwendung des Begriffs Rassismus in diesem Zusammenhang angeführt, dass es in Syrien ja keine »Rassen« gebe, also keine Weißen, Schwarzen, Gelben oder Braunen, und es nicht um Weiße gegen »Farbige« gehe, die als solche erkennbar wären. Aber außer der schon genannten »Rassifizierung« im Grunde unsichtbarer Unterschiede werden Unterschiede auch durch Kultur affirmiert und gewaltsam bewacht. Durch sichtbare Identifikationselemente, die den menschlichen Körper als Träger von Symbolen nutzen, insbesondere Frauenkörper, verschiebt sich der zeitgenössische Rassismus in Syrien immer mehr vom Bereich der »Rasse«, der Hautfarbe und der Ethnie hin zu Kultur, Religion und Lebensstil.

Am liebsten spreche ich von einem konfessionalistisch-rassistischen Komplex, um die spezielle Ausformung des Rassismus zu bezeichnen, die sich in Syrien aus der Spannung konfessionalistischer Diskriminierung bei sozialer Hierarchisierung und politisch-kultureller Privilegierung speist, beziehungsweise um aufzuzeigen, wie dieser Konfessionalismus sich so verfestigen konnte, dass er rassistischer Diskriminierung nahekommt. (Das konfessionalistisch-rassistische Konzept unterlag in einer Zeitspanne von fast einem halben Jahrhundert Assad-Regime historischen Wandlungen im konfessionellen System und einer Historizität des Begriffs Konfessionalismus selbst.) Zugleich verweist der von mir präferierte Begriff auf die Notwendigkeit eines veränderten Ansatzes bei der Untersuchung von Phänomenen im Bereich Nationalstaat, politische Ordnung, soziale Integration und Homogenität. Bisher herrscht hier ein Bestreben, jedes Nachdenken über Konfessionalismus und politische Probleme im Zusammenhang mit kulturellen Unterschiedlichkeiten zu vermeiden und entsprechende Erscheinungen in den Bereich von Sozialtheorie, von Befreiungsbewegungen, von sozialer Emanzipation und Antidiskriminierungsarbeit zu verschieben. Der konventionelle theoretische Rahmen beim Nachdenken über Konfessionalismus ist beim Erkenntnisgewinn hinsichtlich Syriens demnach hinderlich geworden. Er führt dazu, dass man sich in der politischen Diskussion gegenseitig täuscht und belügt, ja, er ist zu einem unüberwindbaren Hindernis für jedes Hinarbeiten auf politische Befreiung geworden. Das Konzept des konfessionalistischen Rassismus hingegen kann uns zu einem neuen sozialen und politischen Nachdenken ermutigen und dazu anstiften, uns gegen soziale und politische Privilegien aufzulehnen. Schließlich ist es unabdingbar, jeden Rassismus zurückzuweisen und ihn zu demaskieren, statt endlos Beschuldigungen auszutauschen, die jeweils andere Seite sei konfessionalistisch, und sich selbst davon freizusprechen.

Darüber hinaus bietet der Begriff eine Erklärung für die komplette »Palmyrisierung« Syriens und die fortschreitende genozidale Tendenz des Assadismus. Lässt sich für die Ära Hafiz al-Assad noch von einem begrenzten Völkermord sprechen, namentlich in Bezug auf das Gefängnis von Palmyra und das Massaker von Hama 1982, so wurde unter Bashar die Vernichtung zur Regel – und ebendies rechtfertigt es, von einer »Palmyrisierung« zu sprechen. Unter dem Konfessionalismus des Vaters gab es zehntausende Opfer, aber seit der konfessionalistisch-rassistischen Ära unter Bashar gehen die Opfer in die Hunderttausende.

In einem solchen rassistischen Konfessionalismus fühlt sich der dschihadistische Salafismus besonders wohl, neigt dieser von Natur aus doch dazu, Glaubensunterschiede zu Artunterschieden zu erhöhen, sodass aus einer gesellschaftlichen Glaubensgruppe eine eigene Gattung wird. Es ist die radikale Weiterentwicklung des Begriffs der *umma*, das heißt der »Gemeinschaft der Gläubigen«, um sich selbst (und alle Islamisten, das heißt all diejenigen, die den Islam als politische Ideologie verstehen, wobei stets umstandslos unterstellt wird, Islamisten repräsentierten »die Muslime«) zu bezeichnen. Das Schwarz und Weiß des Salafismus ist Muslim vs. Nicht-Muslim. Der salafistische Muslim ist demgemäß loyal *(walā')* der eigenen Gruppe gegenüber und allen anderen gegenüber distanziert *(barā')*, wodurch die Darstellung des »richtigen Islam« in extremer Weise verengt und es für die »echten Muslime« zur Pflicht wird, alle »nicht wahren« und alle Nicht-Muslime zu hassen. Die Variante des Salafismus, die alle anderen zu Ungläubigen erklärt, lässt keinen Raum für gesellschaftliche Varianzen und empfindet alle Unterschiede als Wesensunterschiede. Auch wenn der Salafismus im Diskurs der Assadisten seit Beginn der Revolution für so etwas wie den Feind schlechthin steht (während entsprechend im Diskurs der Salafisten die »Nussairier«[70] als ebensolcher Feind gelten), ist es kein Wunder, dass eine solche Ideologie sich am ehesten aktiv in ein konfessionalistisch-rassistisches Umfeld eingliedern konnte. In beiden Fällen macht sich eine politisch verhetzende Rassifizierung von bedeutenden Teilen der Gesellschaft bemerkbar, die so angelegt ist, dass eine Ausrottung des Gegners gerechtfertigt erscheint.

Ein Blick auf die Geschichte des Konfessionalismus und seiner Wandlungen innerhalb Syriens offenbart, dass er in der Hafiz-Ära vom Gegensatz zwischen dem Regime und den Muslimbrüdern geprägt war. Das syrische Regime monopolisierte den politischen Raum und reproduzierte sich über einen weitgehend konfessionell geprägten Sicherheits- und Militärapparat. Ihm gegenüber standen sunnitische Islamisten, die Muslimbrüder, die das konfessionell geschlossene Regime mit Gewalt bekämpften. Seit der konfessionell-rassistischen Bashar-Ära stehen sich der Präsident, seine Dienste sowie die neue Plutokratie einerseits und Salafisten andererseits gegenüber. Und so wie Aristokratien im Lauf der Geschichte königlicher Dynastien immer auf das Ausland zurückgegriffen haben, um ihren Thron zu schützen, hat die internationalistische Ausrichtung des dschihadistischen Salafismus diesen in die Position des mustergültigen Gegenpols gebracht. Die Muslimbrüder kamen als ein solcher Gegenpol nicht infrage, weil sie sich im Land selbst gebildet hatten und weil ihre Ausrichtung sowohl religiös als auch politisch war, ohne dass sie sich zu einer regimenahen Opposition domestizieren ließen. Die Salafisten dagegen besitzen überhaupt kein eigentlich politisches Element, was ihnen im Kampf gegen ein Regime, das, im Falle des Assad-Staats, seinerseits dermaßen radikal apolitisch ist, einen Vorteil verschafft.

Anders gesagt: Die Muslimbrüder sind konfessionalistisch. Ihre Politik beruht auf der Absicht, die Sunniten zu vereinen und die so vereinte sunnitische Glaubensgruppe als soziale Basis zu nutzen, mithilfe derer sie den Kampf um die Macht antreten können. Ihr Konfessionalismus schwächt sie unter Bedingungen, die den Konfessionalismus rassifizieren beziehungsweise zu einem konfessionellen Rassismus machen, denn Konfessionalismus schließt Politik im Kern nicht in demselben Maß aus wie Rassismus, was wiederum die genozidale Energie der Konfessionalisten begrenzt. Tatsächlich lässt sich nur ein einziges seinem Wesen nach genozidales Attentat in der Regierungszeit von Hafiz al-Assad den Islamisten zuschreiben, nämlich das Massaker gegen die Artillerieschule in Aleppo im Jahr 1979. Im Anschluss daran kam es zu einem gewissen Antagonismus zwischen der »kämpfenden Avantgarde« der Muslimbrüder, die das Massaker verübt hatte, und den Muslimbrüdern als

Organisation – eine Kontroverse, die damit endete, dass das Regime die Repression auf sämtliche Islamisten ausweitete.

Die Salafisten sind demgegenüber eindeutig rassistisch. Sie rassifizieren die Sunniten und versuchen, sie zu einem quasi reinen »sunnitischen Volk« zu machen. Ein solches Programm impliziert eine viel größere genozidale Tendenz, bedeutet es doch, die Vernichtung möglichst aller Nicht-Sunniten sowie aller Sunniten, die sich zu dieser Reinheit nicht bekennen wollen. Als Fazit lässt sich sagen, dass die konfessionell-rassistische Wende ein eigenes Kapitel in der politischen und politisch-religiösen Geschichte (und Geschichtsschreibung) Syriens des letzten halben Jahrhunderts darstellt.

VERNICHTUNG

Das natürliche Umfeld von Vernichtung ist die Welt der Identitäten und Abstammungen, mithin der konfessionell-rassistische Komplex. Um von Vernichtung sprechen zu können, müssen keineswegs alle Mitglieder einer bestimmten Bevölkerungsgruppe oder »Rasse« getötet werden. Der Bericht von Amnesty International verweist auf das Römische Statut des Internationalen Strafgerichtshofs, das Vernichtung beziehungsweise Ausrottung mit Bezug auf die UN-Charta von 1948 wie folgt definiert: »Die vorsätzliche Auferlegung von Lebensbedingungen, darunter die Vorenthaltung von Essen und Medikamenten, mit dem Ziel, eine Bevölkerungsgruppe auszurotten«.[71] Diese Definition ist in Gefängnissen wie jenen von Saydnaya (oder vormals Palmyra) erfüllt, worin Gefangene von der Außenwelt isoliert gehalten werden, keinen Besuch empfangen können und deren Angehörige über das Schicksal der Gefangenen im Unklaren belassen werden. Diese Isolierung scheint unter

Bashar al-Assad noch strenger zu sein als unter seinem Vater, als manchen wohlhabenden Familien gegen viel Geld immerhin Treffen mit ihren gefangenen Angehörigen ermöglicht wurden. Noch deutlicher war die Bedingung von Genozid in vom Regime belagerten und gezielt ausgehungerten Gebieten Syriens erfüllt, etwa in Madaya, im Damaszener Stadtviertel Jarmuk, in der westlichen und östlichen Ghouta bei Damaskus und in Ost-Aleppo, bis das Regime und seine Schutztruppen diese Gebiete jeweils zurückeroberten. Die Belagerung und Aushungerung ganzer Gebiete gehörte dabei zum wenigen Neuen im Syrien der Ära Assad. Hafiz al-Assad hatte seine Mission noch »schnell erfüllt«, indem er, wie 1982 in Hama, innerhalb weniger Wochen Zehntausende hatte töten lassen.[72]

Es geht beim Genozid aber nicht nur darum, »Lebensbedingungen [...] mit dem Ziel [aufzuerlegen], eine Bevölkerungsgruppe auszurotten«, also darum, dass in Saydnaya, in Sicherheitsabteilungen und Krankenhäusern des Regimes eine Mordindustrie existiert. Das Töten in Gefängnissen, sei es durch Folter, Hinrichtung oder Aushungerung, oder das Töten durch Verhungernlassen und Krankheiten in belagerten Gebieten ist nur ein kleiner Teil einer vielschichtigen Mordindustrie, die der Assad-Staat von Anfang an gegen aufbegehrende Syrer eingesetzt hat. Auch die Kriegsmaschinerie, die jahrzehntelang vermeintlich zum Schutz des Landes aufgebaut worden war, trägt ihren nicht unwesentlichen Teil dazu bei. So wissen wir, dass die Luftwaffe, dass Langstreckenraketen und Chemiewaffen in diesem gewollten Krieg zum Einsatz kamen. Und schließlich wissen wir, dass es ein starkes diskriminierendes Element in der genozidalen Politik des syrischen Regimes gibt[73] und dass zu dessen Opfern insbesondere sunnitische Muslime zählen, denn ausschließlich deren Gebiete wurden Ziel von Fassbombenabwürfen, Luftangriffen, Chemiewaffen und Belagerung. Vernichtung ist genau diese Mischung aus Mord mit unterschiedlichsten Mitteln und in rassistischer Absicht.[74]

Ich erinnere noch einmal an die Regimeparolen: »Assad oder keiner!«, »Assad, oder wir brennen das Land nieder!«, »Assad, oder das ganze Land verschwindet!« sowie »Hunger oder Unterwerfung!« Diesmal allerdings geht es mir darum, auf den gemeinsamen Kern dieser Parolen hinzuweisen, nämlich: »Alles oder nichts« beziehungsweise »*Wir* oder nichts!«

Im politischen Sinn ist eine solche Zielsetzung nihilistisch und macht, meines Erachtens nach, den Konfessionalismus als vertraute Stütze erforderlich. Die Entpolitisierung der Gesellschaft durch das Regime von Hafiz al-Assad brachte breite Kreise der syrischen Bevölkerung dazu, sich vermittels einer »Scharia«, einer »Kirche« oder deren Entsprechungen zu behelfen, also vermittels einer konfessionellen Weise. Und angeschoben durch die wirtschaftliche Verarmung unter Bashar, führt die anhaltende Entpolitisierung zu einer Rassifizierung des Konfessionalismus, mithin zu Vernichtung. Die Tötung von Einzelnen und Kollektiven geschieht in einer solchen antipolitischen Struktur nicht zufällig, so viel sollte klar geworden sein. Denn wenn das Problem die Menschen sind, die gegen diese Struktur protestieren, dann kann die Lösung nur sein, dass man sich ihrer um der »Homogenität der Gesellschaft« willen entledigt. Dies entspricht genau dem Prinzip, dessen sich die Nazis bei ihrer Vernichtungspolitik bedient haben, praktiziert auf der Ebene eines Schattenstaates und entsprechend den Erfordernissen der Struktur des Assad-Regimes. Dieses verzichtet auf zusammengestückelte wissenschaftliche

Theorien (wobei die modernistische Ideologie dieselbe Rolle erfüllt wie die Rassentheorien der Nazis: Bashar selbst definierte Terror einmal mit einem »kranken Denken, einem perversen Prinzip und perversem Handeln«, das er auf »Milieus« zurückführte, die von »Unwissenheit und Rückständigkeit« geprägt seien[75]), und es erschafft keinen diesbezüglichen konkreten Diskurs. Das syrische Regime schöpft lieber aus dem Diskurs des internationalen »Kriegs gegen den Terror«, der in zentraler Weise Terror und Islam miteinander verknüpft.

ISLAMOPHOBIE

In diesem abschließenden Kapitel möchte ich einen Blick darauf werfen, was auf internationaler Ebene das assadsche Massenmordsystem möglicherweise mitbegünstigt oder ihm auf lange Sicht vermutlich Straffreiheit verschafft hat – ungeachtet der Tatsache, dass internationale Organisationen, einflussreiche Mächte und große Medien entsprechende Vorfälle hinreichend belegt haben.

Der zentrale Punkt ist meines Erachtens die zunehmende Islamophobie im Westen und international seit den Neunzigerjahren des 20. Jahrhunderts. Die Islamophobie gehört – wie der Antisemitismus, der jüdisches Leben abwertet und es den Nazi-Mördern erleichterte, sie zu vernichten – der Welt des Rassismus an. Wie der Antisemitismus schwächt auch die Islamophobie die Empfindsamkeit dafür, was einer ausgewählten Gruppe von Menschen zustößt, und erhöht erheblich die Schwelle für Mitgefühl mit ihr. Genau dies macht es unwahrscheinlich, dass ein Bericht wie der von Amnesty International über das menschliche Schlachthaus Saydnaya einen bleibenden Eindruck hinterlässt, und eben deshalb blieben zuvor die *Caesar Files*, nicht anders als die früheren Chemiewaffenmassaker in Syrien, folgenlos.

Wie Antisemitismus im Falle von Juden und Rassismus im Falle von Schwarzen handelt es sich bei der Islamophobie nicht bloß um einen Wesenszug einer Politik oder eines politischen Konflikts (wie etwa zwischen Kolonisatoren und Befreiungsbewegungen), und ebenso wenig ist sie nur eine Begleiterscheinung einer Ideologie oder eines ideologischen Konflikts (wie des Antikommunismus im Westen). Zwar kann Islamophobie äußerlich so in Erscheinung treten und mit politischen Ereignissen (beispielsweise mit diversen medial übermittelten terroristischen Verbrechen von Islamisten (auch wenn unsererseits nicht weniger folgenschwere Vorfälle als Ergebnis amerikanischer beziehungsweise westlicher Dominanz zu verzeichnen sind)) oder mit feindseligen Diskursen diverser Islamisten (die ebenfalls häufig sind) gerechtfertigt werden. Aber Islamophobie verschafft Vorgängen, die man nicht einordnen kann, wenn man sie nicht auch als diesseitig, politisch und sozial bedingt betrachtet, eine identitäre, rassistische, irrationale und nicht-säkulare Tiefe. Auf diese Weise werden menschliche Spannungen und Konflikte – die durch Handlungen mächtiger, reicher westlicher Kräfte zumindest verkompliziert werden – in eine Welt zweier unterschiedlicher, sich feindlich gegenüberstehender Menschheiten verschoben. Und dadurch erscheint das Handeln des Westens in nicht geringerem Maß wie konfessionelle Diskriminierung, die mit unterschiedlichen sozialen und politischen Privilegien, kulturellen Theorien und genozidalen Verhaltensweisen einhergeht, insofern es soziale, kulturelle, politische, historische, relative und veränderliche Unterschiede substanzialisiert und rassifiziert und so zu ewigen und absoluten Unterschieden erklärt.

Islamophobie ist eine Rangabstufung, bei der Muslimen weniger Entwicklung und Wert zugemessen wird (ähnlich hierarchisch und rassistisch entwickelte sich der Konfessionalismus in Syrien unter Assad, und diese Entwicklung wird weiterhin verstärkt). Säkularismus, Aufklärung und Moderne werden in einer religiös-politischen Auseinandersetzung in Stellung gebracht, die seit den Achtzigerjahren weltweit eine Stütze für eine entsprechende Inanspruchnahme durch das Assad-Regime bietet.[76]

So sprach beispielsweise 2017 Marie Le Pen, die ehemalige Vorsitzende des gegen Immigranten und speziell gegen Muslime eingestellten französischen Front National, im Libanon davon, dass der Schutz von Christen und anderen Minderheiten in Nahost es erfordere, »islamischen Extremismus auszumerzen«, denn dieser sei eine »tödliche Gefahr«.[77] Sie zeichnete damit nicht nur das Bild von einer Gefahr für Christen und andere Minderheiten, die ausschließlich von der muslimischen Mehrheit, die vermeintlich nur vom IS vertreten werde, ausgehe, sowie das Bild einer rechtsextremen, rassistischen europäischen Partei als Beschützerin von Minderheiten im Nahen Osten. Sie verhehlte damit auch, dass die vermeintlich gefährliche Mehrheit sogar mehr als andere das Ziel von Angriffen ist.

Le Pen ist übrigens eine Unterstützerin von Bashar al-Assad,[78] und zweifellos hängt dies mit der konfessionell-rassistischen Tendenz seines Regimes zusammen, welche die in rechten westlichen Kreisen populäre These befeuert, dass Gefahr für Minderheiten immer von einer feindseligen muslimischen Mehrheit ausgehen und dass das Assad-Regime diese bedrohten Minderheiten beschützen würde. Mit anderen Worten: Der Assad-Staat verkauft sich als eine Fortsetzung des europäischen Kolonialismus, der sich zur Zeit der »orientalischen Frage« auch mit dem Schutz von

Minderheiten vor ebensolcher »islamischer Gefahr« rechtfertigte – und genau dafür erfährt das syrische Regime im Westen Unterstützung.

Sind wir also, wenn Religions- und Konfessionskonflikte weiterbelebt werden, um sie auch für die Zukunft zu erhalten, nicht wieder im Mittelalter, das heißt im Zeitalter von religiösem Fanatismus und Hass, von Kreuzzügen, angekommen? Wenn der Nahe Osten, der ohnehin ein Produkt des westlichen Kolonialismus ist, zu einem Zukunftsmodell für die Welt gemacht wird? In der Welt von Trump, Putin, Assad und Netanyahu befinden wir uns bereits in einer Welt von Ethnien und substanziellen Unterschieden zwischen Menschen, mithin im Mittelalter – in einer konfessionell-rassistischen Welt. Denn die Islamophobie ist ein Auswuchs des Niedergangs internationaler Beziehungen in weniger abstrakte und weniger »fantasievolle« Richtungen, in sinnlichere und »identitärere« Richtungen, und der Aufstieg identitärer und völkisch-rechter Politik im Westen scheint dies zu bekräftigen. Insofern stellt diese Rechts-Tendenz zusammen mit den politisch-religiösen Konflikten im Nahen Osten und dem »islamischen Terror« eine globale Angelegenheit dar: die »islamische Frage«.[79]

Was ich hier darlegen möchte, ist, dass das Assad-Regime mit seiner grundlegend diskriminierenden Struktur, die sich im Lauf der syrischen Revolution in eine rassistisch-genozidale Richtung entwickelt hat, ein Abbild internationaler Strukturen darstellt, die ihrerseits im letzten Vierteljahrhundert – auch wenn sie zuvor schon diskriminierend waren – ebenfalls immer weiter in Richtung antimuslimische Diskriminierung gingen. Dies erklärt meiner Ansicht nach grundlegend, warum das Assad-Regime in den Jahren des Aufstands und dessen genozidaler Niederschlagung so sanft behandelt wurde. Zwar wäre es weder fair noch ganz zutreffend, würde man politische Institutionen des Westens in direkter Weise für Assads Massaker verantwortlich machen, aber dennoch müssen wir verdeutlichen, wie sich der Assad-Staat strukturell auf ein internationales hierarchisches Gefüge stützt, das ihm Immunität sichert, während er ein Massaker nach dem anderen anrichtet. Rassismus ist die grundlegende Ingredienz jener Struktur, die den Assad-Staat, die westliche Haltung und Islamisten miteinander verbindet, wobei Islamophobie und »Schutz von Minderheiten« die deutlichsten Erscheinungsformen dieses Rassismus sind. Aus diesem Grund erfährt das Assad-Regime von den modernen internationalen Machtzentren nicht Nachsicht, *obwohl* es rassistisch ist, sondern eben *weil* es rassistisch ist. Und zusätzlich nähert der Diskurs vom »Kampf gegen den Terror« und vom »islamischen Terrorismus« die drei genannten Pole einander an.

Ein Gesamtblick vermittelt den Eindruck, als sei die aktuelle Rassismuswelle, die Islamophobie, Merkmal eines globalen Scheiterns einer politischen und menschenrechtsorientierten Moderne und die rassistische Diskriminierung in Syrien Merkmal desselben Scheiterns in Syrien selbst. Eine Welt, in der Gleichberechtigung in Gedanken und Tat, in der freie Diskussion, Vertrauen und Demokratie im Schwinden begriffen sind, bildet im Reich der Assadisten eine Stütze für ein System aktiver und zunehmender rassistischer Diskriminierung. Diese strukturelle Entsprechung zwischen dem Assad-Staat und den dominierenden Weltmächten sichert der assadschen Vernichtung Straffreiheit.

Zugleich bietet die Islamophobie den Islamisten ein ideales politisches und geistig-mentales Umfeld, um sich von der Welt abzuwenden und in nahöstlichen Gesellschaften eine innere Homogenität zu erzwingen. In ihren religiösen

Prinzipien sind sie sich selbst genug. Sie betrachten ihre Religion als die einzig wahre, die über allen anderen steht, die »ehrenvoller« ist als andere und der zusteht, was anderen nicht zusteht: Ein konfessionell-rassistischer Komplex steht im Zentrum auch des modernen Islamismus, was einen zu der Ansicht führt, dass der Aufstieg des Salafismus, der am stärksten konfessionell und rassistisch geprägten Ideologie in Syrien und der Region, zum aktuellen Zustand unseres Teils der Welt passt, ja zur ganzen Welt. Denn wo die Nachfrage nach Abgrenzung, Festschreibung und Ablehnung von Vermischung und Hybridisierung steigt, aber auch nach Rechtfertigung von eventuellem Genozid, da wird der Salafismus dieser Nachfrage besser als andere islamische Ideologien gerecht. Daher eifern diese ihm nach, sie »salafisieren« sich, wie es Husam Tammam noch vor den arabischen Aufständen in Bezug auf die ägyptischen Muslimbrüder formuliert hatte.[80]

Wir wissen nicht, wie die Zukunft der Islamophobie und anderer konfessionell-rassistischer Strukturen weltweit aussehen wird. Sicher aber ist, dass sie schon in der Gegenwart eine Quelle schlimmster Verderbnis sind. Sie bluten die Reserven an Hoffnung in der Welt rücksichtslos aus.

Ein Grab für alle

Wie sich Tod und Leben der Syrer verändert haben

Wenn Menschen einer Gemeinschaft einzeln sterben, werden sie auch einzeln begraben. Für jeden Gestorbenen gibt es ein Grab, das er mit niemand anderem teilt. In dieser Grundfrage scheint, so wenig die Menschen sich sonst einig sind, weltweit Einigkeit zu herrschen.

Wenn unsere Toten an einem bestimmten Ort begraben liegen, können wir uns von ihnen trennen. Wenn wir ihre Gräber aber nicht kennen und diese nicht besuchen können, so geistern die Toten in uns herum und quält uns eine unruhige Seele. Es ist, als ob der Mensch erst mit der Bestattung wirklich stirbt, als ob jemand, der nicht bestattet wird, niemals stirbt; sein Geist spukt weiter herum. Der Mensch hat es immer verstanden, dies zu vermeiden. Die Zivilisation begann mit der Unterscheidung zwischen lebendig und tot. Gräber, deren Ort man kennt und die, durch Mauern oder Distanz abgeschieden, außerhalb der Siedlungen der Lebenden liegen, sorgen dafür, dass man die Welt der Toten unter Kontrolle hat und sie von der Welt der Lebenden fernhält, wobei man dennoch aus freier Entscheidung in Kontakt mit ihr treten kann. Wir Lebenden sind so beschaffen, dass wir Abstand von den Toten halten. Wir haben eine Gegenwart, indem wir die Toten in eine Vergangenheit verweisen, die abgeschlossen ist, und indem wir die Vergangenheit vergehen lassen, ermöglichen wir es uns selbst, zu leben, präsent zu sein und Neues aufzunehmen. Unsere Toten sind unsere

Vergangenheit. Sie stehen außerhalb von uns, sie sind das Vergangene im Gegensatz zu unserer Gegenwart und – für uns, die Bewohner eines Dorfes, eines Viertels oder einer Stadt – das Äußere im Gegensatz zu unserem Inneren.

Aber was geschieht, wenn jemand im Krieg unter Feinden stirbt, weit weg von unserem »eigenen« Äußeren? Oder wenn Menschen als Gruppe sterben? Als Gruppe in der Hand eines Feindes, weit weg von ihrer Gemeinschaft? Wenn sie alle von Feinden getötet werden? Wenn man ihre Leichen nicht einmal findet? Was passiert, wenn alle Bewohner eines Viertels sterben? In Syrien, in der »assadschen Ewigkeit«, sind Menschen durch Vertreter ebenjener Ewigkeit die seltsamsten Tode gestorben, aber auch durch Vertreter einer konkurrierenden Ewigkeit: Islamisten. »Seltsam«, weil sich Leben und Tod vermischen und die Lebenden sich von ihren Toten, entweder weil es physisch oder weil es psychisch nicht möglich ist, nicht trennen können, weil es keine Leiche gibt und kein Grab, das man besuchen kann, oder weil der Tod so allgegenwärtig ist, dass die Lebenden nicht unter sich bleiben und sich nicht von ihren Toten fernhalten können.

Was ist mit den Häftlingen von Palmyra geschehen, die in den Achtziger- und Neunzigerjahren des letzten Jahrhunderts dort ermordet wurden? Wo wurden sie begraben? Haben ihre Folterer und Mörder sie überhaupt bestattet? Oder liegen sie – wie es wahrscheinlich ist, sofern ihre Leichen nicht mit irgendeiner Maschine zerstückelt und sie in Staub verwandelt wurden – in einem Massengrab? Oder wurden sie verbrannt und ihre Asche verstreut? Oder wurden ihre Leichen in Säure aufgelöst, wie es schon 1959 mit dem Kommunisten Farajallah el-Helou geschehen ist? Ermordete lösen sich auf, wie als Bekräftigung dafür, dass sie schon immer nichts waren, dass es sie nie gegeben hat.

Was ist mit den fünfhundert oder mehr Opfern des Massakers im Gefängnis von Palmyra passiert? Sie wurden an einem Sommertag 1980 in ihren Zellen ermordet. Hat man ihre entstellten Leichen danach herausgezerrt? Wohin wurden ihre Überreste gebracht? Wurden sie begraben oder verbrannt? Oder wurden auch sie in Säure aufgelöst? Konnten die Einwohner von Hama ihre Tausende oder Zehntausende Toten begraben, von denen viele unter den Trümmern der Häuser zu Tode kamen, die über ihnen niedergerissen wurden, als Bulldozer die Wohnviertel einebneten, um später moderne Hotels darauf zu bauen?

Nach Ausbruch der Revolution war der gnädigste Tod, den man als Syrer sterben konnte, wenn man dabei in einem Stück blieb und die Angehörigen einen in einem Grab bestatten konnten, auf dem der eigene Name stand. Ein eigenes Grab zu haben, ist nicht das Recht des Toten selbst, sondern das seiner Angehörigen und Freunde, damit diese ihm in der Familiengeschichte einen Platz vorhalten und die Leere füllen können, die er hinterlassen hat, um ihr Leben möglichst normal weiterführen zu können. Diese »Normalität« besteht aus einer klaren Trennung zwischen Gegenwart und Vergangenheit, zwischen innen und außen, zwischen oberirdisch und unterirdisch, zwischen sichtbar und unsichtbar, zwischen beweglich und unbeweglich, zwischen präsent und abwesend. Ein »natürlicher« Tod und ein persönliches Grab gewährleisten den Hinterbliebenen ein normales Leben nach dem Verscheiden des Toten. Wenn dessen Leib aber verstümmelt oder zerstückelt ist oder Teile davon fehlen, so kommen die Hinterbliebenen nicht zur Ruhe und ihr Leben findet nicht zur Normalität zurück.

Bei einem gewaltsamen Tod, zumal wenn der Körper des Opfers dabei zerrissen wird, haben die Angehörigen des Toten oft nicht die Möglichkeit, ihn ein letztes Mal zu sehen. Im Mai 2013 wurden zwei Männer in Maliha durch eine Granate getötet, die über ihnen auf einem Feld detonierte, und schon eine halbe Stunde danach beigesetzt. Ihre Frauen und Kinder konnten keinen letzten Blick auf sie werfen, weil ihre Leichen zu verstümmelt waren. Ein solcher Verlust kann nicht heilen; er hinterlässt eine Leerstelle im Körper der Familie. »Die Bestattung ist die Ehrung des Toten«, heißt es im Arabischen, und gemeint ist damit eine zeitnahe Beisetzung in einem Grab, das seinen Namen trägt, aber auch, dass seine Angehörigen sich von ihm verabschieden können. Es kommt vor, dass Familienälteste entscheiden, dass auch Nahestehende des Toten ihn nicht noch einmal zu Gesicht bekommen dürfen, wenn sein Anblick ihm oder ihnen die Würde nähme. Im April desselben Jahres geschah dies in Duma, als zwei weitere Männer zerfetzt wurden. Ihre Leichen wurden zum Zivilschutz gebracht, ihre Namen wurden vermerkt und ihre Überreste mit ein paar übrig gebliebenen Kleidungsstücken bestattet. Erwachsene können solch einen Anblick aushalten, aber bei Kindern würde dies dazu führen, dass sie die Welt und ihre Zukunft nicht mehr oder nicht mehr wie zuvor ertragen können, wenn das Letzte, was sie von ihrem Vater sehen, ein zerstückelter Körper ist.

Ich selbst sah in Duma einmal die winzigen Körper zweier Embryos, die ihre Mütter im sechsten Schwangerschaftsmonat im Horror des Krieges verloren hatten. Sie bekamen zwei winzige Gräber jeweils für sich. Die Mütter sah ich nicht, denn Frauen trauern dort einsam. Viele andere Menschen starben eingeklemmt in den Trümmern ihrer Häuser, weil man sie nicht bergen konnte. Sie alle gehörten erwartungsgemäß zu den Ärmsten, denn wären sie wohlhabend gewesen, hätte man keine Mühen gescheut, sie aus ihren Häusern beziehungsweise Gräbern zu holen.

Die im Chemiewaffenmassaker vom August 2013 in der Ghouta-Region Umgekommenen blieben in ihrer körperlichen Gestalt unversehrt. Sie starben in ihrer Gemeinschaft, nicht in der Ferne und nicht in Feindesgebiet. Und dennoch wurden sie kollektiv und nicht in Einzelgräbern bestattet, so als wollte man damit zum Ausdruck bringen, dass sie eins waren, und da sie gleichzeitig gestorben waren, schien es angemessen, sie am selben Ort zu bestatten, sodass sie sich in ihrer letzten Ruhestätte gegenseitig trösten könnten. Ein Chemiewaffenmassaker ist unblutig.

Was belegt, wie die Toten umgekommen sind? Ob sie kollektiv begraben sind? Ob sie in ihrer Kleidung bestattet wurden? Der orangene Schaum, der denen aus dem Mund läuft, die Sarin eingeatmet haben? Und wo werden Foltertote wie jene bestattet, deren Fotos wir in den *Caesar Files* sehen konnten? Man weiß es nicht. Sie wurden als nackte Leichen fotografiert, abgemagert, aber nummeriert. Ihr Tod war das Produkt einer organisierten Massenmordindustrie, allerdings ohne dass man weiß, wo das »Endprodukt« verblieb.

Das Wasser des Mittelmeeres war die letzte Ruhestätte von über 3000 Syrern, die dort 2015 auf ihrem Weg nach Europa ertranken. Aber ein Meer ist kein angemessenes Grab, es ist zu groß, zu ruhelos. Tote finden darin keine Ruhe, es ist, als wären sie nicht wirklich tot.

Ist Feuer ein denkbares Grab für jemanden, der lebendig oder tot verbrannt wurde? Was haben Regimetruppen mit den Überresten von dutzenden Menschen gemacht, die sie seit 2011 lebendig verbrannt haben?

Als der IS die Überreste des von seinen Kämpfern gefangenen und in einem Käfig verbrannten jordanischen Piloten verscharrte, sollte damit deutlich gemacht werden, dass hier kein echtes Begräbnis stattfindet. Bei einem Begräbnis wird der Tote geehrt, es finden Zeremonien statt, die streng befolgt werden. Die Beerdigung soll den Namen und die Persönlichkeit des Verstorbenen erhalten. Das Verscharren dagegen ist lediglich eine Entsorgung, die weder den Namen noch ein Andenken bewahrt. Und doch machen es die Salafisten genau so mit ihren Opfern: Sie verbuddeln die Toten einfach.

Der IS hatte manche seiner Opfer in eine Grube namens al-Huta bei der Ausgrabungsstätte Tell Hammam et-Turkman nördlich von Raqqa geworfen.[81] Es ist nicht bekannt, ob auch Lebende dort hineingeworfen wurden, aber als ich im Sommer 2013 selbst in Raqqa war, hörte ich davon, dass die Miliz Gefangene, denen sie die Augen verbunden hatte, absichtlich in den Abgrund hatte laufen lassen. Den Gefangenen sei in Aussicht gestellt worden, sich so zu retten, und die IS-Leute hätten freudig gejubelt, wenn ihre Opfer sich zu Tode stürzten. Gesichert ist, dass kriminelle Salafisten des IS ihre Opfer auf diese Weise entsorgten. Es existiert mindestens ein Video davon.

Das Verhältnis des IS und der Salafisten zu lebenden Menschen ist das Gegenstück ihres Verhältnisses zu ihren Toten: Ihre Toten, die *salaf* (die »Altvorderen«), sind für sie lebendiger als jeder heute lebende Mensch, und sie setzen darauf, dass alle in der Gegenwart unter ihrer Gewalt Lebenden toter sind als alle Toten zusammen (und wehren sie sich gegen ihren Tod im Leben, so töten sie sie). Wenn man Tote auf eine solche Weise nicht sterben lässt, dann lässt man Lebende nicht leben. Wenn eine Vergangenheit nicht vergehen darf, nimmt man den Lebenden die Luft zum Atmen und verhindert, dass die Gegenwart Neues aufnimmt und auf eigenen Beinen steht. Eine solche Verhinderung ist nur mit Gewalt und Brutalität möglich, weil nur so die Grenze zwischen Leben und Tod verwischt, das Vergangene nah und das Gegenwärtige im Würgegriff gehalten werden kann. Auch das syrische Regime will die Gegenwart verewigen und verhindert damit, dass Neues kommen und mit Vergangenem abgeschlossen werden kann, was nur mit dem Einsatz von Gewalt und Brutalität möglich ist und indem Leben und Tod nicht eindeutig getrennt werden.

In jedem Fall gilt: Stirbt jemand in feindlichem Gebiet oder ertrinkt im Meer, sei es als Einzelner oder als Teil einer Gruppe, erhält der Tote kein persönliches und eindeutiges Grab. Damit hinterlässt er eine Lücke in der Familiengeschichte und lässt die Hinterbliebenen als Kollektiv nicht zur Ruhe kommen. Für die Lebenden ist der Idealfall der, wenn die Toten von ihren Angehörigen jeweils als ganzer Körper in eigenen Gräbern, deren Ort sie kennen, bestattet werden können. Der schlimmste Fall hingegen ist, wenn Leichname vermischt und nicht begraben werden und Unbekannte nach Belieben mit ihnen verfahren. Hier vermengen sich aufs Brisanteste innen und außen, Gegenwart und Vergangenheit, Bewegliches und Unbewegliches, Sichtbares mit Unsichtbarem, Realität mit Magie und Wirklichkeit mit Vermutung. Die Grenze der Wirklichkeit ist unser persönlicher Tod. Wir erwarten vernünftigerweise, dass unser Tod sicher ist, und organisieren unser Leben so, dass wir unter Menschen sterben, die uns nahestehen. Unser Leben würde sich anders gestalten, wenn es jederzeit sein könnte, dass wir jetzt gleich sterben, dass wir zusammen mit allen uns Nahestehenden sterben, dass wir unter den Trümmern eines Hauses verschüttet werden, dass wir in feindlichem Gebiet oder unter Folter sterben. Die Realität gerät in Unordnung und entzieht sich jeder Handhabung, wenn keine Planung, keine Sicherheit, keine Alltäglichkeit möglich ist. Wir können im Leben nicht vorausblicken, wenn unser Tod zu weit außerhalb des Gewohnten liegt und wir nicht als ganzer

Körper in einem bestimmten Grab enden. All diese Vermischungen können schreckliche Gewalt nach sich ziehen.

Man kann sich ausmalen, dass der Zustand von Toten und ihr Tod etwas darüber aussagt, wie es den noch Lebenden ergeht. Was während der Revolution und des Krieges in Syrien zerstört wurde, waren nicht nur die Körper der Toten, die Gemeinschaften und ihr Lebensumfeld. Vielmehr vermischten sich Leben und Tod in einer Weise, dass es den Lebenden nicht mehr möglich war, sich von den Leichenteilen und dem Blut abzusondern, von den entsprechenden Bildern, von der Sprache und der Symbolik. Eine solche Vermischung kommt dem IS und seinesgleichen sehr zupass. Zum Vergleich: In Regimegebieten änderte sich die Art des Sterbens viel weniger: Der Tod blieb individuell (nur selten starben Gruppen), die Toten bekamen meist eigene Gräber, niemand wurde verbrannt oder ertrank auf der Flucht.

In jedem Fall ist der Tod etwas, was den Lebenden, nicht den Toten geschieht. Der Tod ist ein Verhältnis zwischen Lebenden, die über den Tod so obsiegen müssen, dass sie die Verstorbenen in bestimmten mit den jeweiligen Namen versehenen Gräbern bestatten. Wenn dies nicht möglich ist, und es ist im Syrien der assadschen Ewigkeit sehr oft nicht möglich, gerät die Beziehung zwischen den Lebenden aus dem Gleichgewicht, und ihre Gemeinschaftlichkeit, ihre Seelen, ihr Verhältnis zur Welt und zur Religion gerät ins Wanken.

Was immer die Menschen in Syrien in ihrem Leben waren, sie werden spätestens mit ihrem Tod Teil der Religion, der ihre Familien angehören. Wir mögen allein leben, aber wir sterben als Teil einer Gemeinschaft. Wir mögen areligiös leben, aber wir sterben religiös. Im Leben mag der Einzelne weder Muslim noch Christ gewesen sein, aber ein Faris

Murad stirbt als Muslim und man betet in einer Moschee für ihn,[82] und ein Ilyas Murqus[83] stirbt als Christ und wird aus einer Kirche zu seinem Grab getragen, und auf beiden Gräbern werden religiöse Inschriften angebracht. Angehörige verschiedener Religionen können benachbart zueinander leben, aber Tote liegen immer nur neben Angehörigen desselben Glaubens. Das letzte Wort hat die Religion, sie gewinnt immer, weil Einzelne schwach sind gegenüber einer Gemeinschaft und Gemeinschaften schwach sind in einer Gesellschaft widerstreitender Gemeinschaften.

In feindlichem Gebiet Gestorbene werden für gewöhnlich nicht bestattet. Man weiß nicht, was mit ihren Leichnamen geschieht, aber Bestattung kann man es nicht nennen, und keine Religion unternimmt etwas dagegen oder verteidigt die Unantastbarkeit der Toten, und nie äußern sich Religionsvertreter dazu. Kommen die Mörder selbst aus dem religiösen Lager, so verfahren auch sie unmenschlich mit den Toten. Nicht nur ehren sie sie nicht, sondern praktizieren Demütigung, und zwar gegenüber den am Leben Gebliebenen, denn Tote kann nichts entwürdigen, auch wenn sie unter Umständen für unrein erklärt und somit geächtet werden. Eine solches Antasten der Weihe von Toten ist eine Missachtung der Würde aller Lebenden.

Irgendwann einmal müssen sich alle Religiösen, ja, muss sich die Religion selbst fragen lassen, woher ihr Unvermögen, aber auch ihr Komplizentum mit dem Tod in all seinen schrecklichen Spielarten rührt. Wer die Würde der Toten nicht schützt oder sogar dazu beiträgt, sie zu verletzen, verliert jedes Recht, eine Totenweihe zu begehen. Könnte das nicht der Schlüssel dazu sein, den Tod von der Religion abzukoppeln und die Areligiösen areligiös sterben zu lassen? Den Tod von der Religion zu befreien, wäre auch ein Akt der Befreiung des Lebens von ihr.

Allgemein gesprochen, ist in Syrien der Tod genauso pervertiert worden wie das Leben. Traditionellerweise hieß Sterben in Syrien, dass die Familie des Toten diesen öffentlich in einem ihm gewidmeten Grab bestattet, meist kurz nach seinem Tod (bei den Muslimen sehr kurz danach, bei den Christen etwas länger danach, bei Ärmeren und auf dem Land schneller als bei Reichen und in der Stadt). Er bekam einen Grabstein, und Angehörige und Freunde konnten Abschied von ihm nehmen und sein Grab nach Belieben oder zu bestimmten Anlässen besuchen; zudem folgte auf seinen Tod eine öffentliche, gemeinschaftliche Trauerfeier. All das ist nicht mehr selbstverständlich. Oft bekommen die Angehörigen den Leichnam nicht ausgehändigt, da dieser zerstückelt oder unvollständig sein kann, und wenn die Familie die Leiche bekommt, wird ihr häufig auferlegt, den Toten heimlich zu bestatten und Stillschweigen über den Grund seines Todes zu bewahren. Ein Begräbniszug wird verboten oder ist nicht durchführbar, das Grab ist ein Massengrab, eine Trauerfeier ist nicht möglich oder wird untersagt. Stirbt man unter Feinden, verfahren sie mit dem Leichnam oftmals nach Belieben und an unbekanntem Ort, sodass niemand am Grab des Getöteten stehen oder auch nur seinen Todesort besuchen kann.

Die verlorene Beziehung zwischen Familien und ihren Toten, zwischen der verängstigten Gemeinschaft der Lebenden und derjenigen der Toten, die Zerstückelung der Toten, ob diese nun unter Folter oder unter Bomben starben, sowie die Zerstückelung des öffentlichen Raums durch Straßensperren, Kontrollpunkte und Scharfschützen ist ein Abbild der Aufsplitterung der Gesellschaft durch Konfessionsgruppen (beziehungsweise Todesgruppen, in denen die Toten jeweils getrennt von anderen bestattet werden) und Geheimdienste (die Mächte des Todes und des Horrors).

Man muss die Zerstückelung als direkte Funktion einer bestimmten politischen Situation sehen: der assadschen Ewigkeit und ihrer islamischen Entsprechungen. In beiden Fällen erfordert die Ewigkeit des Oben eine Zerstückelung und Rechtlosigkeit des Unten.

Die Syrer wollten ihr Leben verändern, aber anders wurde nur ihr Tod. Sie wollten ihre Wirklichkeit verändern, doch was geschah, war, dass man ihnen ihre Erwartungen und ihre Fähigkeit, etwas zu erwarten, zerstörte. Das heißt nicht, dass man ins Vergangene zurückstreben sollte. Vielmehr sollte es uns darum gehen, unser Leben von einem Staat zu befreien, der Religion ist, und unseren Tod von einer Religion zu lösen, die Staat ist. Denn diese Vermischung war es, die eine Vermischung von Leben und Tod bis hin zur Ununterscheidbarkeit begünstigt und den Mördern ihre Arbeit erleichtert hat. Wir müssen uns unseren Tod wieder aneignen, um damit symbolisch zu zeigen, wie ernst es uns damit ist, unser Leben zu verändern.

ZWEITES KAPITEL

Die Darstellung des Schrecklichen

Wie man mit dem Schrecklichen umgehen kann

Seit 2011 erfahren die Syrer ein solches Ausmaß an Grauen, dass es schwerfällt, sich mit einzelnen Vorfällen zu befassen, und über dessen Auswirkungen und den Umgang damit man nur selten die Zeit hat, nachzudenken. Auf einen Versuch, das Schreckliche zu definieren, folgt daher in diesem Text ein erster Einordnungsversuch, wie Schreckliches erlebt und verarbeitet werden kann, aufbauend darauf, was ich bei mir selbst und in meiner Umgebung, auch in Bezug auf verschiedene Arten des Umgangs mit Berichten und Bildern von Gräueltaten, beobachten konnte.

Meines Erachtens ist das Nachdenken über den Umgang mit Schreckensereignissen von größter Wichtigkeit, so unangenehm es auch sein mag, denn es sagt mehr über uns und den Menschen aus, als Politik oder Religion es vermögen – obwohl oder gerade weil die Erfahrungen des Grauens in der heutigen Welt vor allem mit diesen beiden Bereichen aufs Engste verknüpft sind.

WAS IST DAS SCHRECKLICHE?

Im Hinblick auf die Jahre des Aufstands und des Krieges in Syrien war das Schreckliche und Entsetzliche der gemeinsame Nenner aller Gewaltakte gegen Angehörige von Gemeinschaften und Milieus, durch welche diese zerstört und gewaltsam ihrer vorigen Gestalt beraubt wurden. Mit schrecklich kann insofern alles bezeichnet werden, was Einzelnen und Gemeinschaften absichtlich an erheblichem

Leid angetan wird. Ein solches Leid ist jedoch stets mit Schmerz verbunden, der das übliche und erträgliche Maß übersteigt.

Dinge, die uns vertraut sind, denen wir vertrauen und zu denen wir uns möglicherweise hingezogen fühlen, erkennen wir an ihrer Gestalt. Wir bezeichnen solche Dinge als »schön« oder, wenn sie uns abstoßen, als »hässlich«, »abscheulich«, »entsetzlich« oder »schrecklich«. So sprechen wir vom Schrecken der Folter, von schrecklicher Zerstörung oder einem entsetzlichen Tod. Wir sprechen von grauenhaften Bildern, wenn uns schockiert, was wir sehen oder wovon wir hören, und das Schockierende besteht in einer mit einem starken, womöglich tödlichen Schmerz verbundenen Zerrüttung von Gestalt, die über das hinausgeht, was uns vertraut ist.

Ein Definitionsvorschlag könnte daher sein, dass das Schreckliche ein Maß an Beschädigung ist, das dem Organismus eines Körpers, einer Gemeinschaft oder eines Milieus auf eine Art absichtlich angetan wird, die diesen in abscheulicher Weise entstellt, ihn nicht mehr wiedererkennbar und also unvertraut macht und Angst oder Todesangst hervorruft (denn das Schreckliche und der Tod liegen nahe beieinander. Wer Schreckliches erfahren hat – sei es in Form von Folter oder einer Verwundung durch Bombardierung –, mag überleben, aber das Schreckliche bleibt, und es bleibt mit dem Tod verknüpft). Wo Formen stabil bleiben, fallen sie nicht auf. Was einem auffällt, einen innehalten lässt oder fesselt, ist (außer besonders schönen Dingen) eine entstellte Gestalt, wohlgemerkt eine gewaltsam entstellte – ein menschlicher Körper hingegen, der eines natürlichen Todes gestorben ist, unterliegt zwar ebenfalls Veränderungen, Entstellungen, doch handelt es sich um durch natürlichen Verfall oder Zerfall hervorgerufene Veränderungen, und man nimmt sich seiner an, praktiziert besondere Riten und beerdigt ihn, um das Gefühl von Schauder zu vermeiden, das sich angesichts eines verwesenden, weil mit der Natur eins werdenden menschlichen Körpers einstellt.

Das Schreckliche hat daher mit Erkenntnis zu tun, insofern man etwas in seiner Form Zerstörtes nicht mehr erkennt (»Was ist das?«), mit Psychologie, da das Entstellte Furcht, Schaudern und Verlust von Sicherheit auslöst (»Das ist gefährlich!«), und mit Ästhetik, da man Abscheu vor der verletzten Gestalt empfindet (»Das ist hässlich!«).

Das Schreckliche ruft Gefühle hervor, in denen sich Angst, Abneigung und Empörung vermischen, aber auch Anziehung und Anfechtung. Es kann vorkommen, dass wir nicht in der Lage sind, hinzusehen, zuzuhören oder zu lesen. Wir bedecken unwillkürlich unsere Augen oder unser Gesicht, wenn etwas Schreckliches passiert. Wir versuchen, die uns liebsten Personen zu beschützen, insbesondere Kinder, wenn sich Schreckliches darbietet, denn im Schrecklichen mischen sich Unvertrautheit, Gefahr und Hässlichkeit, die in uns ein Gefühl auslösen, dass das, was einem Menschen oder auch einem Tier an Leid und Verletzung widerfährt, uns selbst passiert. Einen Moment lang identifizieren wir uns mit dem, dem Schreckliches angetan wird, unser Inneres erbebt, und wir erleben einen Drang zur Flucht oder Vermeidung.

Es kann aber auch sein, dass wir diesem Drang widerstehen und uns freiwillig dem Anblick dessen aussetzen, was wir nicht sehen möchten. Das Schreckliche hat zuweilen auch etwas Anziehendes, zu dem wir uns wie verzaubert hingezogen fühlen können, vielleicht weil es so unvertraut ist und wir uns ihm nähern wollen, um zu erfahren, was es ist. Weil es so gefährlich ist, möchten wir sehen, was es ist, damit wir es vermeiden oder uns ihm entgegenstellen können, und weil es hässlich ist, möchten wir begreifen, was es ist, um seine Hässlichkeit abzumildern. Die Dinge werden weniger hässlich, wenn wir wissen, wie sie funktionieren, wenn wir eine Gestalt in ihnen erkennen und wir sie so in den Bereich des Erklärbaren bringen können. Das Schreckliche spricht in uns möglicherweise eine Neigung zum Außergewöhnlichen, Eigenartigen und Regelwidrigen an, zum Seltenen, dazu, etwas zu sehen, was man für gewöhnlich nicht sieht, und weil es so ungewöhnlich ist, ist es etwas, worüber man sprechen oder was man fotografieren will, es ist eine sich selten bietende Gelegenheit, die Aufmerksamkeit anderer zu gewinnen.

Vielleicht lähmt das Schreckliche uns auch gerade wegen des Widerstreits dieser beiden Impulse, des Zurückschreckens und des Hingezogenseins. Das Schreckliche ist anziehend, erstaunt durch seine Unvertrautheit und seinen Ausnahmecharakter ebenso, wie es den Sinn durch seine entstellten Formen verwirrt und uns durch den Moment der Identifikation damit erschüttert, und es ängstigt zugleich, weil es mit dem Tod verknüpft ist.

Das Schreckliche ist etwas Verwandeltes, etwas, was zu etwas anderem als es selbst wurde, ohne dass es dadurch ein neues, erkennbares Selbst gewonnen hätte. Zugleich ist es etwas Unmögliches, das dennoch da ist, ein aus Gewalt, aus der Zerstörung einer Gestalt entstandenes Unmögliches, das nicht durch Zersetzung und Verfall entstanden ist, nicht von der Natur hervorgebracht wurde und auch nicht von der Fantasie durch Vermischung von Formen wie das Wundersame, also Dinge wie der Vogel Roch oder der Phönix. Denn während das Wundersame Geschichten entstammt, ist das Schreckliche eine tatsächlich mögliche Unmöglichkeit.

Schreckliches wurde in Syrien in den vergangenen Jahren Tag für Tag produziert. Es gab Bilder, Videos, Informationen und Berichte davon. Täglich wurde in allen syrischen Milieus über die Vorfälle gesprochen, es wurde zu einer in der Breite erfahrbaren gesellschaftlichen Erfahrung. Die syrische Gesellschaft wurde so zu einer Gesellschaft des Schreckens, in der ein riesiges Ausmaß an Unvertrautheit, Gefährlichkeit und Hässlichkeit, an Angst, Empörung und Hass, an Zerstörung, Schmerz und gewaltvollem Tod hervorgerufen wurde – kurz, an Unmöglichem.

Doch wie ist es um eine Gesellschaft bestellt, die so viel Schreckliches erlebt? Wie lässt sich damit umgehen?

ARTEN DES UMGANGS MIT DEM SCHRECKLICHEN

Vielleicht lassen sich vier Arten des Umgangs mit Schreckenserfahrungen unterscheiden.

Die erste und verbreitetste ist, dass man zunächst Wut empfindet und aufbegehrt, die Schreckenstat und die für sie Verantwortlichen brandmarkt und etwas unternimmt, wodurch sich einem möglichst viele Menschen bei der Verdammung der Tat und der Täter anschließen. Menschen empfinden es als grauenhaft, wenn ein Kind gequält und getötet wird, wenn man ihm das Geschlechtsteil abtrennt, wenn ein Arzt gefoltert wird, ihm die Augen ausgestochen werden und er ermordet wird, wenn eine Stadt mit Fassbomben angegriffen und in Trümmer gelegt wird, wenn Tausende unter Folter ermordet werden, Körperteile von Zivilisten aufgelesen werden, nachdem eine Vakuumbombe auf ihr Feld oder ihr Haus geschossen wurde, oder wenn man tote Kinder sieht, die einem Chemiewaffenmassaker zum Opfer fielen … Sie reagieren darauf anfänglich mit Wut.

Auf die Wut folgt die Verurteilung. Sie ist der Versuch, die Verantwortlichen zu Verbrechern zu erklären und sie zu isolieren und vielleicht auch eine Grundlage dafür zu schaffen, sie eines Tages zu bestrafen. Zugleich ist es ein Akt persönlicher und kollektiver Reinigung. Wo es möglich ist, wird vielleicht ein Protest organisiert, eine Demonstration, ein Sit-In, ein Hungerstreik … Man beweist damit, dass man sich mit anderen gegen das Verbrechen positioniert. Es ist ein Akt der gesellschaftlichen Abwehr, um das Schreckliche von der Gesellschaft abzuhalten und diese davor zu schützen.

Aber je öfter das Entsetzliche sich wiederholt, je mehr es zu einer täglichen Erfahrung wird und dem Protest und allen Verurteilungen standhält, und genau so war und ist es in Syrien, desto schwächer wird der Effekt einer solchen Reaktion, und Wut, Abscheu und Verurteilung werden zu einem ärgerlichen Ritual mit verminderter Wirkung. Schon bald ruft diese Art der Reaktion nur noch Spott hervor. Und im fortgeschrittenen Stadium verflucht man nur noch: anfangs die, die die Gräueltaten angerichtet haben, dann die ganze Welt, dann sich selbst, dann alles. Dies ist geradezu der »Lebenszyklus« dieser Art des Umgangs mit dem Schrecklichen – den im Lauf der Jahre der Revolution die Syrer genau so erleben mussten. Die Verfluchung ist zudem wohl Ausdruck der Ohnmacht oder der fehlenden Möglichkeit, die Realität des Schrecklichen abzuwenden.

Die Reaktion aus Wut, Verurteilung und Verwünschung, gepaart mit Frustration, hält oft lange an, obgleich sie wirkungslos bleibt, zum einen, weil sie einen selbstreinigenden Effekt hat, zum anderen aber auch, weil das (professionelle)

Verurteilen in Syrien, Palästina und anderen arabischen Ländern zu einer Art öffentlicher Funktion geworden ist, die Einzelpersonen und Organisationen übernehmen und die mit Posten und Einkommen verknüpft sein kann. Dahinter steht eine Menschenrechtsindustrie, die ihrerseits mit einschlägigen internationalen Kartellen und einer entsprechenden Bürokratie zusammenhängt.

Die zweite Art des Umgangs besteht in Vermeidung und Schweigen. Die ständige Wiederholung des Schrecklichen macht manche Menschen sprach- und tatenlos. Sie haben das Gefühl, dass die Ereignisse ihnen die Fähigkeit nehmen, etwas Sinnvolles zu sagen oder wirkungsvoll zu protestieren, und dass die gewohnten verbalen Reaktionen (Verurteilung durch Individuen oder ein Kollektiv, Protestkundgebungen etc.), je öfter sie praktiziert werden, umso mehr zu einer Beleidigung derer verkommen, deren Leib und Leben zerstört wurden, aber auch zu Selbsterniedrigung führen. Zudem fühlen sie sich von den Geschehnissen überrollt und überfordert. Das Einströmen des Grauens übersteigt ihre Energie, es zu verarbeiten und etwas zu unternehmen, und so flüchten sie sich ins Schweigen. Doch man schweigt mitunter nicht nur, sondern reagiert gar nicht mehr und zieht sich zurück. Man vermeidet Kontakt mit der Gesellschaft, in der das Schreckliche stattfindet – nicht nur mit der direkt betroffenen Gemeinschaft, deren Angehörige Angst, Abscheu, Hass und frustrierte Wut empfinden, sondern mit der gesamten Gesellschaft, in der sich das Furchtbare ereignet hat, die darüber spricht und die versucht, etwas dagegen zu unternehmen, aber letztlich nichts erreicht. Eine solche Reaktion steht für eine gesellschaftliche Auflösung, die in syrischen Kreisen zunehmend zu beobachten ist. Wir haben Widerwillen voreinander und halten uns voneinander fern, weil wir uns und den anderen Schmerz und Frustration ersparen möchten.

Schweigen ist zugleich wohl auch die letzte Phase in jener Kette von Reaktionen, die mit Wut beginnt und auf die dann Verurteilung und Verfluchung folgt. Wir ziehen uns zurück und sprechen und interagieren nicht mehr, weil wir es nicht mehr aushalten. Möglicherweise wählen wir den Weg des Exils, wenn wir nicht ohnehin schon vertrieben wurden oder geflüchtet sind. Die Flucht ins Schweigen ist besonders bei sensiblen Menschen verbreitet, die dem Ohnmachts- und Lähmungsgefühl angesichts der Ereignisse nicht gewachsen sind und die nicht zur Schar der »Verurteiler« gehören möchten, weder zu deren Laien noch zu deren Profis. Sie ziehen sich zurück, um ihre persönliche Würde und die derer zu schützen, denen das Grauen angetan wird.

Die dritte Art der Reaktion ist Kreativität. Man versucht, neue Dinge, Ideen und Situationen zu schaffen. Man versucht, durch Worte, Farben, Bilder, Musik oder sonstige Darbietungen eine Antwort auf das Schreckliche zu finden. Man gestaltet Neues als Reaktion auf die Zerstörung von Gestalt. Wahrscheinlich werden die Kreativen vom Willen angetrieben, dem Tod entgegenzutreten, indem sie neues Leben »erschaffen«. Indem sie sich am Unvertrauten, Gefährlichen, Hässlichen, Unmöglichen und Grauenvollen abarbeiten, versuchen Kunst und kreative Tätigkeit, diese Erfahrungen in Erinnerung zu halten und sie vor dem Abgleiten ins Vergessen zu bewahren. Dabei sondern sie das Schreckliche vom Tod ab und verknüpfen es mit anderen Impulsen.

Wenn das Schlimmste am Schrecklichen darin besteht, dass Lebewesen auf »kunstvolle« und »kreative« Weise etwas angetan wird, dann ist das Größte an der Kunst und der Kreativität das »Schreckliche« in der Darstellung des Schrecklichen, also das, was dem Gewohnten zuwiderläuft und neue Wesen und neue Formen hervorbringt. In der Verarbeitung des Unvertrauten, Gefährlichen und Hässlichen, das Abscheu, Angst, Hass und Vermeidung auslöst, erschafft die Kreativität etwas Fremdartiges, das aber keine Unruhe hervorruft, etwas Gefährliches, das keine Angst macht, und etwas Hässliches, das keine Abscheu erregt. Der Anreiz für eine kreative Darstellung des Schrecklichen aber liegt nicht unbedingt darin, diesem das Unvertraute zu entreißen oder es unvergesslich zu machen, sondern eher darin, den menschlichen Schmerz zu ehren und zu kollektiven Bemühungen zu ermuntern, damit er sich nicht wiederholt.

Denn das »Schreckliche« in der Kunst führt nicht nur *nicht* zum Tod, sondern es stellt sich ihm geradezu zeitlos entgegen. Anstelle der magischen Anziehungskraft des zum Tod sich Wandelnden bringt das Kreative eine Wandlung anderer Art hervor. Es erinnert an das Schreckliche, indem es dieses in einer bildlichen Weise darstellt, die durch Andersartigkeit und Einzigartigkeit auffällt. Das kreativ Hervorgebrachte erstaunt und fasziniert oder besser: Es regt zum Nachdenken und zur Annäherung an. So wie das Schreckliche sich einprägt und sich dem Vergessen entzieht, muss also auch die Kreativität bei der Konfrontation mit dem Entsetzlichen etwas tun, was – wie der Anblick des Schrecklichen selbst – schockiert und verändert. *Guernica* von Picasso beispielsweise lässt einen nicht nur deshalb innehalten, weil es ein »schreckliches« Abbild des Grauens ist, sondern auch, weil es polarisiert und im Gedächtnis bleibt. Das Bild ehrt das Andenken an die Tragödie des baskischen Dorfes Guernica und ist zugleich ein Dokument, das dazu verwendet wird, um eine Wiederholung des Grauens zu verhindern. Kunst und Kultur können dem Schrecklichen nicht entgegentreten, ohne aus ihrem gewohnten Kanon auszubrechen und ohne selbst etwas »Schreckliches« zu schaffen.

Kreativität soll bei der Auseinandersetzung mit dem Schrecklichen jedoch nicht nur dazu beitragen, dieses zu begreifen oder die unmittelbar davon Betroffenen in den Mittelpunkt zu stellen – diese Ebene der Würdigung mag als Ausdruck des Willens, das Kapitel des Schrecklichen abzuschließen, wichtig sein. Kreativität soll vielmehr zur Schaffung neuer Formen führen, mit deren Hilfe man sich an die Psyche, die Gesellschaft und die Kultur richten kann. Mit dem Versuch, das Schreckliche zu bezwingen und seinen destruktiven Einfluss auf den Einzelnen und die Gesellschaft zu begrenzen, verwandelt die Kreativität das Schreckliche künstlerisch, literarisch oder geistig in eine allgemeine Erfahrung, die wir individuell und kollektiv mit denen teilen, die sie erlitten haben.

Viele Syrer haben in unterschiedlicher kreativer Weise auf Schreckensereignisse in ihrem Land reagiert, diesbezügliche Erfahrungen in künstlerischer Weise dokumentiert, um sie nicht in Vergessenheit geraten zu lassen, und so dem Grauen Widerstand geleistet und praktische Umgangsmöglichkeiten und Lösungen für sich gefunden, fortzuexistieren und ihrem Leben ein wenig Bedeutung zurückzugeben. Denn Kunst und Kultur spiegeln unsere Neigung wider, das Schreckliche zu vermeiden, indem wir es in einer Weise darstellen und symbolisieren, die uns dazu motiviert, uns ihm anzunähern und es zu betrachten. Einerseits wird so das Schreckliche dergestalt reproduziert, dass wir keine Abscheu davor empfinden und es nicht zu vergessen suchen, sondern uns ihm zuwenden. Andererseits nehmen wir es vermittels Kunst und Kultur zusammen mit anderen in Besitz, verleihen ihm Bedeutung. So verwandeln wir das grauenhafte Geschehen von einer verheerenden gesellschaftlichen Erfahrung in einen Akt der Teilnahme und Annäherung, in die Begründung einer Partnerschaft und Gemeinschaft, die an den kollektiven Horror erinnert, indem sie ihn darstellt. Man versammelt sich, um Wege zu erkunden, sich ihm entgegenzustellen und es zu verbannen. Aber immer, wenn wir mit neuen Gräueltaten konfrontiert sind – und das war für jeden von uns seit Beginn der Revolution Hunderte Male der Fall –, erfasst uns das Gefühl, dass das Grauen unerbittlich weitergeht und dass Kunst, Kultur und Sprache gegenüber der Verheerung ohnmächtig sind. Müsste dies nicht ein Anreiz für eine Revolution auch in der Kultur, im Geistesleben, in der Literatur, der Kunst und in der Ethik, in Gesellschaft, Politik und Religion sein, mithin da, wo Formen und Regeln geschaffen werden? Allein eine solche Revolution könnte dem Horror, den die Syrer erfahren, gerecht werden und ihn würdigen. Ganz neuartige Formen und Bilder könnten eine Antwort auf den gigantischen Verlust von Formen und Bildern in unserem Land in den vergangenen Jahren sein.

Neue Bedeutungen und Formen zu kreieren, kann nicht losgelöst von der Kreativität der breiten Masse geschehen, denn sonst könnte es nichts bewirken. Die entsetzliche Gewalt und die Zerstörung von Lebensumfeldern haben zu einer Trennung zwischen kulturellen und alltäglichen Bedürfnissen und zu einer Spaltung zwischen kultureller Kreativität und einer Kreativität geführt, die den Lebensalltag unter schwierigsten Bedingungen aufrechterhält.

Diese Trennung hat die bei uns bekannte alte Spaltung zwischen zwei Welten, einer kulturellen, nicht gesellschaftlichen Welt und einer gesellschaftlichen, vom Kulturellen abgetrennten Welt verstärkt. Dieselben Machtstrukturen, die das Grauen immer wieder reproduzieren und es in der Breite der Gesellschaft verankern, haben regelmäßig dafür gesorgt, dass beide Sphären getrennt geblieben sind. Die aktuellen Schreckenserfahrungen könnten ein Ansatzpunkt sein, dieser alten Spaltung entgegenzuwirken, insbesondere ihrer extremen Ausformung seit den Jahren der Revolution und des Krieges, der eine Politik fern von Gräueltaten begründet.

Die Revolution selbst war in ihrem Grunde und in ihren Anfängen ein kollektiver kreativer Akt, der neue Gegebenheiten, einen neuen sozialen und arbeitsbezogenen Rahmen und neue, emanzipatorische Subjekte schuf. Das Kreative in der Konfrontation mit dem Schrecklichen sollte darin bestehen, sich dieses emanzipativen Impulses wieder zu bemächtigen und auf der Grundlage der Schreckenserfahrung darauf hinzuarbeiten, Kultur und Gesellschaft miteinander zu verbinden und zu verhindern, dass von Neuem soziale, politische und kulturelle Umstände eintreten, die eine Spaltung der beiden Bereiche begünstigen.

Schreckliches erlebt zu haben und sich ihm kreativ entgegenzustellen, kann zugleich auch ein Ansatzpunkt sein, sich selbst neu zu erfinden und zu verändern. Denn so verheerend das Grauenhafte für unser Dasein, unser Wesen und unsere Identität(en) sein kann, so sehr kann ein Nachdenken darüber sowie seine Umwandlung in Kunst und Kultur und ein anderes Leben diejenigen verwandeln, die eine solche künstlerische Darstellung in Angriff nehmen. Es verändert ihr Auftreten und kann anderen dabei helfen, sich zu wandeln.

Um es noch einmal zu sagen: Das Gemeinsame von Horror und Kreativität ist die Zentralität von Gestalt. Das macht die Kreativität zur fruchtbarsten und seriösesten Antwort auf das Schreckliche. Denn die viel zitierte Kreativität ist nicht nur das Herstellen neuer Abbildungen von Dingen, die außerhalb von uns geschehen, sondern sie gibt uns selbst eine neue Gestalt, eine neue Kultur, neue Werte und ermöglicht uns neue Verhaltensweisen. Sie ist auch nicht nur etwas, was Einzelne oder kleine Gruppen isoliert tun, sondern ein gemeinschaftliches Handeln, das auf den gesellschaftlichen Charakter der Schreckenserfahrung reagiert.

Indem man Formen schafft, kann die kreative Auseinandersetzung mit dem Schrecklichen eine Erfahrung sein, die neue Identitäten und neue Bilder vom Leben und von der Gesellschaftskultur erzeugt. Wer unter Mächten der Barbarei und der Zerstörung wie den Assadisten und dem IS lebt, dem steht es ganz besonders an, an Identität als Projekt einer Neuschöpfung zu denken, als einer Neufassung des Selbst und der Gesellschaft, von Dogmen und von Kultur. Darin liegt auch ein Schutz unserer Würde als Syrer, und es bekräftigt unseren politischen und kulturellen Anspruch.

Durch Gestaltung einer neuen Kultur und eines neuen Sinns stellen wir uns auch einer der sichtbarsten Quelle des Schrecklichen in unserem heutigen Leben entgegen: einem Islam, der künstlerisches Schaffen verdammt oder nur wenige verbale Formen davon zulässt. Dies schwächt die menschliche Fähigkeit, »Zivilisation« und mithin Dinge herzustellen, die die Ansprüche und Verdienste des Menschen in solch einem Maße erhöhen, als würden sie ihn neu erschaffen, und so die Wahrscheinlichkeit mindern, dass ihm Schreckliches widerfahren kann. Denn Geringschätzung von Kreativität und die Bereitwilligkeit zu töten gehen Hand in Hand.

Über Kreativität zu sprechen ist natürlich leichter, als kreativ zu sein. Aber die Erfahrung des Schrecklichen ist unsere Erfahrung, und ihre dramatische Intensität geht allein uns an. Wenn wir sie ernst nehmen und Geduld walten lassen, wenn wir sie mit Kunst und Kultur verarbeiten, so kann uns dies dabei helfen, ihr das Toxische und Zerstörerische zu nehmen und sie stattdessen in eine Erfahrung von Annäherung und Teilhabe zu verwandeln. Gemäß dem arabischen Wörterbuch *Lisan al-Arab* ist das Schreckliche *(al-fazi')* etwas, was »in Heftigkeit und Hässlichkeit das Maß überschreitet«, mithin etwas Außergewöhnliches, das den Bereich des Gewohnten verlässt. Demnach kann Kreativität – die dauernde Ausnahme, Andersartigkeit und Übertretung – der Erfahrung des Schrecklichen selbst eine Inspiration abgewinnen, die zu einer »Schöpfung«, zur Schaffung neuer Formen führt, die nur schwer von etwas anderem abgeleitet sein könnten. So gesehen ist der Versuch, sich die Schreckenserfahrung durch Kultur und Kunst anzueignen, zugleich ein Neuaufbau von Kultur, Kunst und der Gesellschaft um diese Erfahrung herum.

Die vierte mögliche Art, auf Schreckliches zu reagieren, ist Gewalt – eine gewaltsame Reaktion auf die gewaltsame Zerstörung von Gestalt. Gräueltaten sind Ergebnis politischer Handlungen politischer Akteure, die wissen, was sie tun, und die dazu gebracht werden müssen, den Preis für ihr Handeln zu zahlen. Dem Grauenhaften, das aus der Gewalt dieser Akteure entsteht, kann man nicht nur mit Verurteilung, Schweigen oder Rückzug begegnen, sondern auch mit Gewalt – wenn nicht, um die Täter zu bestrafen und ihnen Gleiches anzutun, dann wenigstens, um sie abzuschrecken.

Politisch gesehen kann eine solche Reaktion – Bestrafung oder zumindest Abschreckung – sinnvoll sein, sofern sie ihr Ziel nicht zu spät erreicht. Scheitert sie daran, und das war in Syrien seit dem Zerfall des nationalen Rahmens des Konflikts ab der zweiten Jahreshälfte 2012 der Fall, kann das Entsetzliche sogar omnipräsent werden und der Verlust von Gestalt die ganze Gesellschaft erfassen, sodass multiple Gemeinschaften des Grauens entstehen, die sich gegenseitig mit Hass, Angst und Abscheu begegnen.

Offensichtlich nimmt die Wahrscheinlichkeit einer Gewaltreaktion zu, je weniger Vertrauen in die Zweckmäßigkeit der drei zuvor genannten Reaktionsmuster gesetzt wird. Zorn und Verurteilung bleiben bei Gräueltätern wie denjenigen des Assad-Staats oder des IS folgenlos; Schweigen ist ein Akt des Rückzugs und der Selbstvergiftung; und kulturelle Kreativität ist bislang noch ein elitärer Akt mit begrenzter gesellschaftlicher Wirkung, der auf seinem bisherigen Niveau nicht geeignet erscheint, Gesellschaft, Kultur und das Leben neu zu erfinden. Ergo begegnen wir dem Schrecklichen mit Schrecken und reagieren auf den Schmerz, indem wir ihn zurückgeben.

Was diese Reaktionsweise von anderen abhebt, ist, dass sie politisch ist. Gerade weil das Schreckliche ein politischer Akt politischer Akteure ist, ist es auch angemessen, politisch darauf zu reagieren. Die Ausführenden von Gräueltaten rechnen ohnehin nicht damit, unbeschadet davonzukommen, wenn sie auf Widerstand stoßen, und es ist meiner Ansicht nach daher weder logisch noch moralisch falsch, auf gewaltsame Weise dagegenzuhalten. In Bezug auf den IS hat dies auch kaum jemand ernsthaft infrage gestellt. Wenn hinsichtlich des Assad-Staats, einer Macht, die unerbittlich und hartnäckig Gräueltaten begeht, anders argumentiert wird, so liegt dies meist darin begründet, dass die Betreffenden einen sozialen und politischen Zustand von Ausnahme und Privilegien, der die Quelle endlosen Grauens darstellt, aufrechterhalten wollen.

Das aktuelle Problem in Syrien besteht folglich nicht darin, dass man auf Gewalt teilweise gezwungenermaßen mit Gewalt reagiert, sondern vielmehr in der Kluft zwischen Reaktion und politischem Ziel. Dies hat mehrere Gründe. So ist etwa das Problematische an den vielen bewaffneten Gruppen in Syrien keineswegs, dass sie militant gegen die aggressive und gewalttätige Assad-Herrschaft vorgehen, sondern dass sie genau dies nur noch von Fall zu Fall tun. Entweder sind sie darauf fokussiert, in bestimmten Gegenden ihre eigene Macht abzusichern, und/oder sie kämpfen im Auftrag regionaler oder internationaler Mächte gegen Assad – Mächte, die ihnen vorgeben, was sie wann und wo zu tun haben. Anders gesagt hat sich das gewaltvolle Vorgehen gegen den Hauptgewalttäter von jeder politischen Vision abgekoppelt, die darauf abzielt, das »Regime zu stürzen«, mithin davon, eine revolutionäre Gewalt zu sein, die ein Schritt dahin wäre, eine Trennung zwischen Politik und Schreckenstaten zu ziehen. Während auf der einen Seite also Gewalt unpolitisch geworden ist, sich zuweilen auf Religion beruft und entsprechende Gräueltaten verübt, sehen wir andererseits eine Politik ohne Machtbasis, die keinen tatsächlichen Einfluss besitzt. Unbeschadet geblieben ist infolgedessen nur die Grausamkeit – die der Assadisten, des IS und in geringerem Ausmaß die anderer Gruppen.

GRÄUEL UND GEWALT

Im syrischen Zusammenhang, wo der Konflikt bekanntlich sehr viel länger dauert, als man anfangs angenommen hat, hat das Schreckliche im Lauf der Zeit immer größere Ausmaße angenommen. Schreckliches ist immer mit Gewalt verbunden, insbesondere in Bezug auf die Zerstörung von Gestalt. Es gibt keine Gräueltat ohne Gewalt. Aber führt Gewalt notwendigerweise zu entsetzlichem Grauen? Wie ausgeführt, verweist das arabische Wort *al-fazi'* auf etwas, das »in Heftigkeit und Hässlichkeit das Maß überschreitet«. Aber was ist das Maß? Dies ist von Kultur und Geschichte abhängig. Man könnte sich kulturelle und historische Gegebenheiten vorstellen, in denen jede Gewalt als maßüberschreitend und grauenvoll angesehen wird. Weltweit neigt beispielsweise heute eine säkulare Mittelschicht zu der Annahme, dass das Schlagen von Kindern etwas Schreckliches sei. In der Kindheit meiner Generation dagegen wurde dies überhaupt nicht so gesehen. Demgegenüber scheint es heute keinen Staat auf der Welt zu geben, der der Ansicht wäre, Kriegsgewalt sei etwas Schreckliches (zudem hat die Anwendung von Folter seit dem Beginn des Jahrhunderts und seitdem »Terror« als das grundlegende politische Böse angesehen wird, weltweit zugenommen, statt abgenommen). Ich selbst habe bei meiner Verhaftung 1980 Folter erlitten, aber ich zögere, sie als entsetzlich zu bezeichnen. Sie war sehr schmerzhaft, aber sie hat mich nicht zerstört, auch nicht physiologisch. Andere Menschen in Syrien hingegen wurden grauenvoll gefoltert, insbesondere die Islamisten.

Vom Aspekt der Gewalt her kann man wohl zwischen »schrecklich als Akt« und »schrecklich als Ergebnis« unterscheiden. Als Ergebnis ist, wie ausgeführt, der Verlust einer Gestalt schrecklich, und furchtbare Gewalt ist etwas, was Dinge in ihrer Form zerstört. Aber als Attribut eines Aktes, das heißt einer Folter, einer Tötung oder Zerstörung, kommt »schrecklich« eher erst dann infrage, wenn dies mit einem »Übermaß« und dem Willen, Furchtbares anzurichten, verbunden ist. Das Schlimmste an einer Schreckenstat ist, wenn diese mit Beharrlichkeit, Ausdauer, »Kunst« und persönlichem Einsatz vollzogen wird, wenn zum Beispiel ein Häftling im Gefängnis auf eine Weise gefoltert wird, wie es Mustafa Khalifa in seinem Roman oder Bara Sarraj in seinem Bericht »From Tadmor to Harvard« beschreibt. Etwas Grauenhaftes, so lässt sich sagen, ist dann gegeben, wenn es jemandem bewusst und absichtlich angetan wird und wenn es auf die Zerstörung oder Auslöschung des Opfers abzielt.

Ist denn eine Gräueltat etwas anderes als eine nicht vollendete Vernichtung? Vernichtung beseitigt im »Idealfall« alle, auf die sie abzielt, und sorgt so von sich aus dafür, dass man sie niemals mehr erwähnt. Den Vernichtern geht es nicht um die Zerstörung von Gestalt, sondern um die Vernichtung von Leben. Dem können technische Hindernisse entgegenstehen oder auch der Wille der Täter, einige ihrer Opfer als »Lehre« für andere am Leben zu lassen, um ihrer Gemeinschaft eine »unvergessliche Lektion« zu erteilen – und hier zeigt sich die Gräueltat. Man statuiert für das Gedächtnis der Opfer und ihr gesellschaftliches Umfeld ein Exempel, um einzuschüchtern und abzuschrecken. (Auch Israel ist ein Meister in der Kunst der Abschreckung.) Die Assadisten sind definitiv Meister der Abschreckung, und der IS scheint dieses Handwerk ebenfalls verinnerlicht zu haben.

Gräueltaten können infolge von kriegerischer Gewalt stattfinden, bei denen es sich um einen Akt von staatlichen Mächten handelt, dies muss aber nicht so sein. Sie werden von Mächten angerichtet, die – wie im Falle des IS und der Assadisten – kein Gesetz, keine Verfassung und keine festen Regeln, mithin keine Gestalt haben. Es sind Mächte, die als staatliche Mächte agieren, deren Handlungen aber einen Ausnahmecharakter besitzen[84] und sämtlich »kreativ« sind.

Wenn eine Granate den Körper eines bewaffneten Kämpfers zermalmt, dann ist das hässlich, aber nichts Ungeheuerliches, schließlich liegt es nicht außerhalb des Erwartbaren und »überschreitet« kein »Maß«. Selbst Mord muss keine Schreckenstat sein, und auch Hinrichtungsurteile müssen nicht unbedingt schrecklich sein, wenn sie nach festgelegten Regeln ausgeführt werden. Die Tötung eines Mannes aber, der nie ein Gewehr in der Hand hatte und unterwegs zur Arbeit oder zum Bäcker war, um Brot für seine Kinder zu holen, stellt etwas Grauenvolles, etwas Schreckliches dar. Und selbst der Tod von fünfzig Kämpfern bei einem einzigen Angriff ist weniger schrecklich als die Tötung von fünf Zivilisten, die um Brot anstehen und – wie es das Regime im August 2012 in Aleppo und Hama tat – gezielt beschossen werden.

Das Schreckliche entspringt folglich nicht der Gewalt an sich, sondern einer Willkür und einem Vernichtungswillen. Eine Gräueltat ist dabei niemals ein Akt der Bestrafung, auch kein juristischer Akt, nicht einmal ein überzogener, und sie kann in keinem Gesetz stehen. Die Gewalt des Assad-Regimes ist aber nicht nur quantitativ und qualitativ extrem, sondern sie unterliegt gar keiner allgemeinen Norm. Sie war immer grauenvoll und wollte es sein: So wurde einmal einem Gefangenen der Kopf mit einem Zementblock zerschmettert, ein anderer wurde mit einer Gewehrlanze totgestochen, Häftlinge werden zu Tode gefoltert, Wohngebiete werden gezielt flächendeckend bombardiert … All das sind keine Justizakte oder unfaire Strafen, sondern es ist Terror, es sind kunstvoll ausgeführte Gräueltaten. Denn Kunst, im Gegensatz zu Gesetz, kann nicht erwartbar sein, ja, sie ist ihrem Wesen nach auf Überraschung angelegt.

Eine Leichenschändung ist per definitionem eine Gräueltat, nicht nur weil es sich dabei um die Zerstörung von Gestalt handelt, sondern auch, weil sie keine Bestrafung darstellen und keine gesetzliche Handlung sein kann. Sie ist ein Akt einer nicht vollendenden Vernichtung, der sich nicht an das ohnehin tote Opfer wendet, sondern an dessen Gemeinschaft, der dadurch insgesamt der Tod in Aussicht gestellt wird. Wenn Regime- oder Geheimdienstverbände die Leichen von Revolutionären, die zuvor unter Folter ermordet oder bei Gefechten getötet wurden, verstümmeln, so ist dies ein symbolischer Akt der Vernichtung, der sich gegen alle Anhänger der Revolution richtet. Eine Gräueltat an einer Einzelperson ist, anders als das möglichst unaufwendige Töten eines oder auch mehrerer Menschen nach einem zuvor festgelegten Verfahren, eine kollektive Botschaft.

Auch die Ermordung einer Person dafür, dass sie nicht weiß, wie viele Verbeugungen beim Morgengebet vorgeschrieben sind, ist eine Gräueltat, selbst dann, wenn der IS sie dafür mit nur einem Schuss hinrichtet. Das Schreckliche ist hier das Verhältnis von Leid und Rechtfertigung, also von dem, was jemandem angetan wird, und der Begründung dafür. Und Gewalt gegenüber einem Kind kann immer nur schrecklich sein, denn sie kann nicht gerecht sein und nicht gerechtfertigt werden.

Es lässt sich also festhalten, dass Schreckliches nicht gerecht sein kann und dass es keine Gerechtigkeit geben kann, die Gräueltaten als zulässig ansieht. Keine Politik, keine Religion und keine Ausnahmesituation kann rechtfertigen, dass jemand oder eine Gruppe heimtückisch ermordet wird und dabei Hass und Vernichtungswille eine Rolle spielen.

Das syrische Regime und der IS sind schreckliche Gewalttäter par excellence, schließlich kann niemand kann abstreiten, dass es gewollt grauenvoll war, allein zwischen März 2011 und August 2013 etwa 7000 Menschen zu Tode zu foltern oder ein Massaker mit Chemiewaffen in der Ghouta-Region anzurichten, zahllose Städte und Dörfer zu bombardieren und zu zerstören, oder dass es schrecklich ist, wenn der IS Menschen kreuzigt oder in Abgründe wirft. Eine Kreuzigung ist selbst dann grauenvoll, wenn das Opfer zuvor getötet wurde. Auch in anderer Hinsicht stellt das Schreckliche ein Verhältnis dar: das zwischen unserem Gewissen sowie unserer heutigen Vorstellung von Gerechtigkeit und den Arten von Gewalt, die heute nicht mehr akzeptabel sind. Jemanden tot in eine Grube zu werfen ist grausam, egal was er verbrochen haben mag. Es ist einerseits grausam für das Opfer und für die Gemeinschaft, in der eine solche Tat verübt wird, und es ist andererseits schrecklich für die dort Lebenden, für das Wasser und die Natur in der Umgebung.

Schreckliches ist in jedem Fall mit ungesetzlicher und ungerechter Gewalt verbunden. Es unterliegt keiner Regel, und die verübte Gewalt beruht meist auf Hass und Kunstfertigkeit, denn dasselbe Maß an Gewalt muss nicht grauenvoll sein, wenn es für eine Bestrafung nach festgelegten und bekannten Regeln eingesetzt wird. Schrecklich ist es hingegen dann, wenn es »kreativ« und willkürlich eingesetzt wird.

SCHRECKLICHES UND GESELLSCHAFT

Wenn Schreckliches aus einer Mischung von Gewalt und Hass entsteht, mit Schmerz und Tod verbunden ist und sich durch Unvertrautheit, Gefahr und Hässlichkeit charakterisieren lässt und wenn das Gefühl der Schreckenserfahrung eines aus Angst, Abscheu und Hass ist, dann zerbricht eine Gesellschaft, die solches über einen längeren Zeitraum ununterbrochen erlebt (wie es in Syrien seit 2011 der Fall ist), und hört schließlich auf, eine Gesellschaft zu sein.

Die Angst trennt die Menschen voneinander und drängt sie in die Abschottung, ins Zurückweichen auf den engsten Kreis. Abscheu führt zu Absonderung und Rückzug, zunächst vom Schrecklichen selbst und schließlich auch von der Gesellschaft, die das Entsetzliche immer wieder erlebt (in Syrien handelt es sich um eine fortgesetzte Grausamkeit, von der kaum ein Syrer nicht zumindest einmal ein Beispiel gesehen hat). Der Hass bewirkt Ähnliches, auch er führt zu Vermeidung, Kontaktabbruch und Feindschaft.

Angst, Abscheu und Hass waren schon spätestens seit Ende der Siebzigerjahre des letzten Jahrhunderts Ergebnis eines Übermaßes an *Suriya al-Assad*, was sichtbar dazu führte, dass die Syrer voneinander abrückten und sich misstrauten und im selben Maße immer weniger miteinander teilten und immer weniger zusammenkamen. Aber was wir seit dem Beginn der Revolution erleben mussten, geht weit darüber hinaus.

Heute lässt sich beobachten, wie das, was die Syrer nach wie vor vereint, förmlich – wie die Körper unzähliger Syrer – zerhackt wird, und das nicht aufgrund einer schwierigen Situation, die zu unvorhergesehenen Übergriffen führt, sondern weil ein Massenmordprojekt immer weiter vorangetrieben wird. Und so wie die meisten Syrer, die in den Achtzigerjahren aufwuchsen oder damals erwachsen waren, irgendwann einmal ein »Sicherheitserlebnis« hatten – sei es eine Vorladung mit Verhör, sei es Einschüchterung oder Folter bis hin zu mehrjähriger Haft, sei es, dass sie verschwanden oder getötet wurden (die Zahl der politischen Häftlinge allein war zu keiner Zeit ein geeigneter Maßstab, um die Menschenrechtssituation in Syrien zu beschreiben) –, haben die meisten heute lebenden Syrer, wenn sie es nicht selbst einmal oder mehrfach persönlich erlebt haben, Schreckliches zumindest gesehen, entweder im Assad-Schreckensstaat, im Schreckensreich des IS oder in anderen, nachwachsenden Schreckenslaboratorien. Der vielleicht naheliegendste Indikator dafür, wie weit der Horror in der Gesellschaft verbreitet ist, ist die Zahl der Menschen mit körperlichen Beeinträchtigungen. Diese ist seit Beginn der Revolution in Syrien auf fast eine Million angestiegen. Stellt das allein bereits eine riesige Bürde für die Zukunft dar, kommen noch mindestens eine Viertelmillion Tote hinzu, und niemand weiß, wie viele Gefangene nach wie vor unter chronisch grauenvollen Umständen inhaftiert sind.

Es erübrigt sich fast, zu beweisen, dass eine Gesellschaft, die ständig Schreckliches erlebt, zu einer »grauenhaften Gesellschaft« wird, aus der alle in alle Richtungen fliehen. Syrer verlassen Syrien heute nicht notwendigerweise aus einer unmittelbaren Gefahr heraus, sondern weil ihr Land unter einen Fluch von Schrecken, Schmerz und Tod geraten ist, wo tagtäglich in riesigem Ausmaß Hass, Angst und Abscheu geschaffen werden und wo jeder jeden verflucht.

Um so etwas zu verarbeiten, genügen Reaktionsweisen wie die oben genannten sicherlich nicht. Verbale Verurteilung oder folgenloser Protest schaffen keine Gesellschaft, die solidarisch gegen Gräueltaten vorgehen könnte. Dadurch mögen sich zwar zeitweise Bevölkerungsgruppen zusammenfinden, doch zerstreuen sie sich schnell wieder, weil sie das Problem nicht lösen können. Schweigen und Rückzug wiederum bedeuten Kapitulation vor dem Schrecklichen und dem, was es in der Gesellschaft und im Einzelnen anrichtet. Zudem bildet sich eine Gesellschaft gerade dadurch heraus, dass sie miteinander spricht, nicht, indem sie schweigt und sich zurückzieht. Und wenn gewaltsamer Widerstand gegen Gräueltaten nicht schnell zu politischer Veränderung und zu einer Eindämmung der Gewalt durch konsensuelle Regeln führt, wenn er also nichts Praktisches dazu beiträgt, die Grausamkeit zu stoppen und Gerechtigkeit herzustellen, besteht die Gefahr, dass der gewaltsame Widerstand zu Politik und die Politik zu praktizierter Grausamkeit wird und somit das, was seit Jahren passiert, wiederholt und weiterführt.

Kreativität hingegen könnte noch am ehesten ein Instrument zum Umgang mit dem Schrecklichen sein, einerseits, um so eine Bereitschaft, gegen den Schrecken und Schreckenstäter vorzugehen, sowie eine Sensibilität dafür zu entwickeln und andererseits, um die Schreckenserfahrung in eine gemeinsame zu verwandeln, um die herum sich eine Gesellschaft zusammenfinden kann. Aber damit es zu einer offenen Verbindung zwischen Gesellschaft und Kreativität kommt, damit Kreativität zu einem gesellschaftlichen Akt wird und die Gemeinschaft kreativ, muss die Gewalt zunächst aufhören und das System von einem schrecklichen zu einem, das Gewalt eindämmt und reguliert, verändert werden.

Eine Gesellschaft in dieser Weise neu zu schaffen, stellt den besten Weg zum Umgang mit dem Schrecklichen dar. Dafür müssen jedoch zunächst einmal Politik und Gesetz etabliert werden, um das Grauen zu beenden, auch wenn Politik allein den Schrecken, der Politik jahrzehntelang verhindert hat, nicht beseitigen kann. Zudem muss Politik in einer neuen Gesellschaft und in einer neuen Kultur, die sich jeweils gegen die Schreckenserfahrung richtet, selbst neu und anders gestaltet werden. Denn erst durch neue Formen der Gemeinschaft, der Kultur und des Denkens, der Religion und der Identität(en) können wir uns in einer Weise neu erfinden, in der wir uns selbst und die Welt in Ordnung bringen.

Letztlich liegt das Ziel also darin, unsere Erfahrungen zu benennen, sodass sie anerkannt, zu Konzepten und zu einer Grundlage werden können, auf der wir imstande sind, neu nachzudenken und zu handeln. In dem Maße nämlich, wie Haft, Folter, Vergewaltigung, Belagerung, Verschleppung, Verschwindenlassen, Mord, Vertreibung und Flucht zu unserem Erfahrungsschatz im Syrien unter Assad sowie unter den islamischen Klonen seines Regimes gehören, hängen die Chancen auf ein neues, befreites Syrien davon ab, was wir aus diesen Erfahrungen kulturell, gesellschaftlich und politisch machen. Wir sind nicht nur das Produkt unserer Erfahrungen, sondern auch das, was wir daraus machen.

Dem Schrecken ins Gesicht sehen

Unter Syrern kommt es immer wieder zu einer – bald schon wieder einschlafenden – Debatte darüber, ob man Fotos von misshandelten oder verbrannten Körpern oder von abgetrennten Gliedmaßen zeigen und ob man Videos teilen soll, auf denen Szenen von Folter oder Mord zu sehen sind. Die Debatte dreht sich genau genommen darum, ob man Syrer in ihrer großen, seit 2011 stattfindenden Entblößung zeigen soll, sei es anderen Syrern oder der Welt. Das syrische Filmemacherkollektiv namens Abounaddara, das von 2011 bis 2017 nahezu jeden Freitag einen Kurzfilm veröffentlicht hatte, gab dazu einmal eine Erklärung ab, in der es die »schamlose Darstellung« der syrischen Menschen anprangerte, die »ihre geschundenen, der Würde beraubten Körper zur Schau« stellte, was »die Menschenwürde und das Selbstbestimmungsrecht der Syrer« ein zweite Mal verletze. Das Kollektiv forderte daher »ein Recht am eigenen Bild [...], basierend auf dem Grundsatz der Menschenwürde und der Selbstbestimmung«.[85] Darauf baute eine Initiative des Kollektivs auf, die unter dem Namen »Das Bild von Syrern ist unantastbar« firmierte. Dieser ging augenscheinlich auf eine beliebte Parole der Revolution zurück, die lautete: »Die Würde des syrischen Volks ist unantastbar!«

Immer wieder werden Vorbehalte zum Ausdruck gebracht, wenn schockierende Szenen aus Syrien über soziale Netzwerke verbreitet oder diese in künstlerischen Arbeiten verarbeitet werden, wie etwa in dem Film *Silvered Water* von Ossama Mohammed und Wiam Simav Bedirxan, worin ein nackter syrischer Junge zu sehen ist, der gefoltert und gezwungen wird, die Schuhe seines Peinigers zu küssen, und der danach sexuell missbraucht wird. Zudem zeigt der Film, wie Angehörige des Widerstands Leichen an Seilen und Haken über die Straße ziehen, weil sie sonst zur Zielscheibe von Heckenschützen des Regimes würden. Die Szenen sind tatsächlich schockierend und erniedrigend, erst recht, wenn sie einem Publikum vorgeführt werden.

Dieselbe Debatte wurde geführt, als die 53 275 *Caesar*-Fotos an die Öffentlichkeit kamen. 28 707 Fotos davon zeigen die Leichen von fast 7000 Häftlingen, die das Regime zwischen 2011 und August 2013 zu Tode gefoltert hatte; ein Teil der Fotos wurde im März 2015 in den Vereinten Nationen in New York ausgestellt. Mochten die Bilder die Betrachter auch tatsächlich schockieren, so waren Intellektuelle und Künstler wie Mohammad Ali al-Atassi dennoch der Meinung, dass die Zurschaustellung solcher Fotos, von wem auch immer, eine Art Komplizenschaft bei der Tötung der Opfer darstelle.

Wie aber soll mit solchen Bildern, wie soll mit unserem Bild umgegangen werden? Können wir, ohne dem apokalyptischen Horror aus Gewalt, Gräueltaten, Tod, Blutigkeit, Verzweiflung, Hass, Wahnsinn und Rache, Auflösung und Zerstreuung, der sich in Syrien ereignet, mit all seinen Bildern, Details und Geschichten ins Gesicht zu sehen, diesen überhaupt erfassen und die Radikalität und Dramatik unserer Lage begreifen? Können wir unabhängig davon eine eigene Kunst, ein Denken und eine Ethik entwickeln, die dieser unmöglichen Situation dennoch gerecht wird? Wäre es nicht im Grunde ein Vergehen, sie nicht anzusehen und uns von dieser Realität abzuschotten? Wie sollten wir sonst ein Gedächtnis dafür entwickeln, was uns widerfahren ist, wenn wir tunlichst vermeiden, dem Grauen ins Gesicht zu sehen? Wir erinnern uns, damit sich das, was wir erlebt haben, nicht wiederholt, und damit wir ein willentliches und bewusstes Vergessen betreiben können: das Vergessen jener, die sich mit sich selbst konfrontiert, die Bestie in sich gesehen und entschieden haben, dieser Fesseln anzulegen. Die willentlich vergessen, was sie über sich selbst und andere gelernt haben. Das aber kann nur geschehen, wenn wir uns die Bilder von uns selbst genau ansehen und sie uns gut einprägen.

Die Gegner des Zeigens solcher Bilder führen jedoch durchaus gewichtige Argumente ins Feld, zum Beispiel, dass Bilder von Gewalt und Gräueltaten Wut und Rachegelüste auslösen können. Zudem heißt es, dass zumindest manche dieser Materialien absichtlich vom Regime verbreitet würden, um Rachegefühlen Vorschub zu leisten und den syrischen Konflikt so auf eine konfessionelle und absolute Ebene zu bringen.

Einzuwenden ist hier, dass der Zustand in Syrien viel grundsätzlicher und schrecklicher ist, als dass Bilder, seien sie absichtlich in Umlauf gebracht oder nicht, ihn grundsätzlich befeuern könnten. Bilder sind zwar Teil des Konflikts, und sie mögen tatsächlich einen Mobilisierungs- und Agitationseffekt haben, aber die Hetze speist sich aus vielen Quellen, an erster Stelle aus dem real stattfindenden Krieg, der deshalb weitergeht, weil die Seite, die ihn begonnen hat, das Assad-Regime, über ein riesiges Reservoir an Bildern, Worten und an Hass verfügt, ganz zu schweigen von ihrer Waffenüberlegenheit. Eine Diskussion über Bilder kann einer solchen über den Konflikt und über Wege, ihn zu beenden, daher nur nachgeordnet sein, denn über die Bilder kann man nicht nachdenken, ohne an die eigentlichen Probleme zu denken, insbesondere über die Quellen der grenzenlosen Gewalt in Syrien. Doch ohne die Bilder kann man nicht darüber nachdenken, wie wir zu einer anderen politischen Vertretung kommen könnten, zu einem neuen Staat und einem neuen Bewusstsein von uns selbst. Dass aus der durch sie hervorgerufenen Wut zuweilen Rachelust wird, kann gut sein. Aber unsere Wut kann eben auch zu einem vertieften Nachdenken darüber führen, wie unsere menschlichen, politischen und kulturellen Bedingungen aussehen müssten, zu einem Hinterfragen von uns selbst, unserer Geschichte, unserer Gesellschaft und unserer Kultur in Bezug auf die Grauenhaftigkeit der Geschehnisse. Eine Diskussion über Bilder kann dazu beitragen. Aber um zu diskutieren, müssen wir zunächst sehen.

Ein anderes Argument der Gegner des Zeigens lautet, dass die Veröffentlichung solcher Bilder den Tod von Syrern normalisiere. Während unsere Körper weltweit entstellt würden, würde sich in den Köpfen der Welt die Idee festsetzen, Syrer töteten nun einmal Syrer, in Syrien tobe ein tödlicher konfessioneller Konflikt oder im »Nahen Osten« sei es eben immer so. Dadurch gehe, dem Argument zufolge, alles verloren, was Recht, Gerechtigkeit und Verantwortung in Syrien betreffe – die politischen Dimensionen des Konflikts würden ausgeblendet, und man würde sich daran gewöhnen, dass alles, was aus Syrien komme, Bilder brutaler Gewalt seien, die immer weiter Abscheu auslösten. Noch mehr gezeigte Brutalität schaffe so nicht mehr, sondern weniger Interesse. Dieses Argument ist zwar stärker als das vorige, aber es setzt »die Welt« und »die Wahrnehmung der Welt« – gemeint ist hier vor allem die westliche Mittel- und Oberklasse – an die Stelle einer Richtinstitution, die ihr nicht zukommt. Denn diese westliche Welt schottet sich pausenlos mit Argumenten und Vorstellungen ab, die sie davor bewahren, das Elend der Existenz in der heutigen Welt zu sehen, und schützt so ihren geistigen und moralischen Frieden.[86]

Den Argumenten gegen ihre Verbreitung zum Trotz sind die Bilder nun einmal aber da, jemand hat sie dankenswerterweise aufgenommen, zum Teil unter Gefahr für sich selbst, und manche von uns haben sie gesehen. Wäre es wirklich besser gewesen, sie wären nicht aufgenommen worden? Kann jemand diese Frage ernsthaft mit Ja beantworten? Und da es sie gibt: *Wollen* die Bilder nicht regelrecht gesehen werden, sind sie nicht eine Aufforderung zum Hinsehen? Und wer sollte überhaupt darüber befinden, ob sie öffentlich gemacht werden dürfen oder nicht oder welche davon man zeigen und welche man nicht zeigen darf? Es müsste schon eine anerkannte Institution geben, die darüber entscheidet, aber die maßgebliche Besonderheit an der heutigen Lage in Syrien ist, dass es sich um eine Grundlagenkrise handelt, um eine (in den Worten von René Girard in seinem Buch *Das Heilige und die Gewalt*) »Opferkrise«, in der die kulturelle Ordnung einer Gesellschaft zerbrochen ist. Diese Krise kündet von der Auflösung jeder Legitimität. Eine solche legitime Institution gibt es also nicht, und es kann sie nicht geben, solange der Konflikt andauert und sein Brandherd weiter aktiv bleibt. Daher kann heute niemand entscheiden, was in Bezug auf die Bilder der richtige Umgang oder was die angemessenere Option wäre. Mögen sich die Syrer, wenn sie das Kapitel des Krieges abschließen und sich über die Grundlagen eines neuen Syriens verständigen wollen, auch eines Tages vielleicht in einer allgemeinen und kollektiv geführten Debatte dafür entscheiden, dass sie die schrecklichen Szenen hinter sich lassen wollen. Bis dahin aber macht die Ausnahmesituation, in der wir uns in Syrien befinden, entsprechend ungewöhnliches Handeln erforderlich, beispielsweise, dass alles verfügbare Material in einem Archiv aufbewahrt wird, in dem nichts verloren gehen kann, in dem alles sortiert und geordnet wird, um so ein neues nationales Gedächtnis aufzubauen, das nicht nur ein Vergessen verhindert, sondern auch der Gefahr vorbeugt, dass es selektiv genutzt wird. Dies kann nur funktionieren, wenn das Archiv umfassend ist und keine blinden Flecken zulässt. Ein solches Archiv müsste bewahrt werden und im Prinzip allen zugänglich sein. Durch die den Aufbau solch eines Archivs begleitenden Diskussionen könnten wir das Geschehene begreifen und eine Grundlage dafür schaffen, dass wir eine neue Legitimität und eine neue Ordnung für Gesellschaft, Politik und Kultur hervorbringen können und dass unser nationales Gedächtnis heilt. Ein geheiltes Gedächtnis ist nicht eines, das eine Konfrontation mit der Vergangenheit vermeidet oder diese in ferne Winkel der Seele verschiebt, sondern eines, das sich im Gegenteil mit ihr auseinandersetzt, sie (an-)erkennt und sich bewusst macht, welche Verantwortung man selbst für sie trägt.

Aus der Sicht eines im Ausland lebenden Syrers mag es verständlich sein, dass man sich entwürdigt fühlt, wenn wir vor anderen, die uns möglicherweise nicht wohlgesinnt und nicht solidarisch mit uns sind, in einem Zustand der Zerstörung gezeigt werden. Aber gehört es nicht zu den Eigenheiten einer Fundamentalkrise, dass die Grenzen zwischen Inland und Ausland verwischen? Kann man im Zeitalter der Medienrevolution überhaupt noch zwischen innen und außen trennen? Würde heißt nicht, dass wir einen nur uns zugänglichen, geschützten Bereich einzäunen, damit parasitäre Fremde ihn nicht sehen können, sondern dass wir ohne Selbstmitleid feststellen, dass das, was uns widerfahren ist, schrecklich ist. Und vielleicht können die Fremden sich auch gerade in der furchtbaren Anmutung unserer verheerten Körper selbst erkennen.

Wir wären in Bezug auf unsere Repräsentation und den Begründungs- und Heilungsprozess in einer besseren Situation, wenn wir dem Grauen ins Gesicht sähen, statt es zu vermeiden. Das Schreckliche ist die extremste Form der Unvertrautheit. Mit dem »Wir« im vorigen Satz meine ich diejenigen Syrer, die noch leben und auf denen die Verantwortung eines Neubeginns lastet. Insbesondere jene, die produktiv im öffentlichen Raum arbeiten, Künstler, Journalisten, Autoren und politisch Aktive, müssen es auf sich nehmen, sich ins Grauenvolle zu begeben, um sich dagegen zu immunisieren. Was wir den Bildern vom Grauenhaften an Ideen, Kunst und Sensibilität entgegenstellen, kann uns als Nation gegen eine Wiederholung des Schrecklichen immun machen. Unvorstellbar dagegen wäre eine Behörde, die entscheidet, welche Bilder gezeigt werden dürfen und welche nicht. Dies kann nur eine ganze Generation entscheiden, und zwar die, die in verschiedenster Weise am Konflikt beteiligt war. Und die vorderste Verantwortung dieser Generation ist es eben, dem Schrecklichen ins Auge zu blicken und zu sagen: Das bin ich! Ich war ein Mensch! So gesehen könnte die Erfahrung, uns im Spiegelbild des Schrecklichen zu sehen, eine kathartische Wirkung haben, wie sie Aristoteles der Tragödie zugeschrieben hat.

Was denen, die sich für eine Zurückhaltung von Bildern einsetzen, vermutlich entgeht, ist der Charakter der syrischen Krise, der einen Neubeginn erfordert. Sie denken in der Logik einer normalen Situation, in der die bestehende Kultur nicht infrage gestellt und das Konzept der Menschenwürde nicht überdacht werden muss. Ich sehe aber keine Würde darin, wenn wir darüber hinwegsehen, dass wir es mit einer nie dagewesenen Lage zu tun haben – denn an ihrem Ende wird Syrien nicht mehr so sein, wie es war, weder als Staatsgebilde noch als Regime, weder als

Gesellschaft noch als Kultur. Wir müssen aus dieser historischen Katastrophe eine historische Gelegenheit machen, um unser Empfinden und unsere Kultur zu erneuern und um Bedeutungen und Werte zu entwickeln, die unserem furchtbaren Leiden gerecht werden. Dies schließt ein, dieses Leid anzuerkennen und es eingehend zu betrachten. Nur so können wir es uns aneignen. Es gibt keine radikalere Weise, unserer Fremdheit und unserer Demütigung zu begegnen, als zu begreifen, wie menschlich und allgemein das Gefühl der Befremdung ist.

Nur indem ich unsere schlimmsten Erfahrungen in den Blick nehme, ohne sie auf die tödliche Gewalt zu reduzieren, kann ich, als Autor, den syrischen Zustand beschreiben. Auch ich finde Bilder von misshandelten und zerstückelten Körpern schlimm, und meist wende ich den Blick ab, wenn die Fotos und Videos zu brutal sind. Und dennoch glaube ich, dass wir hinsehen müssen, und zwar ganz genau. Künstler und Autoren müssen sogar noch genauer hinsehen als andere, denn sie arbeiten für ein Gemeinwesen – die geschundenen Körper sind unser gemeinsamer Körper und der Körper unseres gemeinsamen Landes. Wollen wir Hoffnung schöpfen für ein neues Denken, eine neue Kultur und eine neue Kunst, die eine Antwort auf die Revolution und deren politisches Scheitern geben kann, so kann dies, denke ich, nur geschehen, indem wir uns des Horrors, den die Syrer erlebt haben, annehmen. Die meisten Kulturschaffenden waren persönlich vor diesem Horror geschützt, und deshalb ist es das Mindeste, dass sie ihn sich auf Bildern ansehen und die geschundenen Körper im Archiv ihres eigenen Körpers bewahren.

Die Frage scheint mir die Folgende zu sein: Wie verdauen wir – als Kultur und Gesellschaft – diesen Horror, und wie sollen wir mit ihm umgehen? Ich denke, dass die kulturellen Repräsentationen, die wir dadurch schaffen, dass wir den Schrecken durchleben und ihn anerkennen, eine bessere Grundlage dafür bieten können, sich ihm entgegenzusetzen, und wirksame, wertebasierte, gesetzliche und geistige Barrieren zur Vermeidung einer Wiederholung hervorbringen, als wenn man ihn ignoriert, nur begrenzt zur Kenntnis nimmt oder als wenn wir uns vor vermeintlicher Entwürdigung schützen, indem wir uns Bildern von uns selbst als Geschundenen verweigern. Es gilt, in aller Würde und Ehrlichkeit anzuerkennen, dass wir unsere Würde schon verloren hatten, als es noch ein weiter Weg hin zu den gemarterten Körpern der Jahre der syrischen Revolution war. Wer die syrischen Sicherheitsorgane kennt, wer weiß, was Folter ist, wer die Gefängnisse von Palmyra und Saydnaya kennt, wer weiß, wie sehr die syrischen Geheimdienste Schulen der Demütigung sind und das syrische Volk zu Verrat anstiften, wer die Assad-Familie und ihre Anhänger kennt, der muss längst erkannt haben, dass die Syrer ihre Würde schon vor Jahrzehnten verloren haben, und zwar seit der Held der Katastrophe des Junikriegs von 1967 sie zu beherrschen begonnen und sich ihnen als eine Art Gott aufgezwungen hat. Es gilt anzuerkennen, dass die gepeinigten Körper Ausdruck des Aufbegehrens sind, Würde zurückzuerhalten. Und deshalb verdienen sie es unbedingt, in der Kunst, im Geistesleben und in der Kultur dargestellt zu werden.

Das bisher Gesagte heißt nicht, dass es nicht auch legitim sein kann, gegen eine künstlerische Darstellung oder eine mögliche politische Instrumentalisierung von Bildern des Schrecklichen zu sein. Es gibt gute und schlechte Kunst, unabhängig von der moralischen und ästhetischen Legitimität der Darstellung des Schrecklichen und unabhängig von der Würdigkeit oder Unwürdigkeit der Bilder. Das Problem besteht nicht in der Illustration des Schrecklichen an sich, sondern darin, wie dies geschieht und wie es künstlerisch umgesetzt wird, wie es gemalt oder in Stein gehauen, wie es theatralisch oder filmisch dargestellt wird. Wie schreiben wir darüber in Romanen und Geschichten, wie fassen wir es begrifflich? Wie sollen Dichter es thematisieren? Theodor Adorno fragte einmal, ob Poesie nach Auschwitz, nach jenem absoluten Geschehen, das sich jeder Darstellung entziehe, noch möglich sei. Darüber zu schreiben, genau darin liegt jedoch die Herausforderung, der sich die Dichtung annehmen muss, um ihre Legitimität zu erhalten und zu bewahren. Das Schreckliche darzustellen, heißt, es aufzulösen, zu versuchen, ihm seine Absolutheit zu nehmen und zu sagen: Wir waren in unserer Geschichte mit einem riesigen Unheil konfrontiert, aber es war kein Unheil in aller Absolutheit. Nicht nur, um eine »Holocaust-Psychologie« zu vermeiden, die sich keinem Vergleich öffnen will, wie gerade wir Araber allzu gut wissen, und die sich, in Abwehr eines dereinst kommenden noch größeren Genozids, immer wieder kleine Vernichtungstaten zugesteht, sondern auch, weil bei uns – wo die Legitimität der Künste beständig von tyrannischen religiösen Kräften infrage gestellt wird – selbst ein nur kleiner Sprung in der Darstellung des Schrecklichen zu einer kulturellen Revolution führen könnte, die nicht nur zur aktuellen politischen und sozialen Situation in Widerspruch stünde, sondern auch einen Widerstand gegen den religiösen Angriff auf die Welt der Darstellung begründen könnte. Die Beschränkung von Darstellungen auf das Sprachliche, wie es die Islamisten betreiben, macht es geradezu erforderlich, die Bilder endlos anzustarren, denn anders kommen wir gegen diese Beschränkung nicht an!

Nur weil Darstellungen des Schrecklichen möglicherweise auch politisch instrumentalisiert werden, sollten wir keine administrative Entscheidung darüber treffen, ob grauenvolle Szenen in der Öffentlichkeit gezeigt werden dürfen oder nicht. Eine einseitige politische Instrumentalisierung wäre, wenn man Bilder und Videos von Folterungen und Massakern vonseiten des Regimes nicht zeigte, aber übereifrig die Verbrechen des IS und anderer Islamisten dokumentierte. Oder andersherum: wenn man die Verbrechen von Islamisten ausblendete und in pornografischer Weise nur Vergehen des Regimes zur Schau stellte.

Das alles betrifft aber nur das öffentliche Zeigen von Bildern des Schrecklichen als einer öffentlichen syrischen Angelegenheit, die mit unserer politischen, mentalen und sozialen Ordnung, mit unserer Geschichte und unserer Zukunft zu tun hat. Welche Wirkung aber haben solche Bilder auf die Angehörigen der Opfer, auf ihren engsten Umkreis, auf ihre Mütter und Väter, auf die Kinder der Gefolterten, Getöteten und Entstellten?

Im März 2015 berichtete mir mein Freund Usama Nassar,[87] dass er auf einem der *Caesar*-Fotos einen Verwandten erkannt zu haben glaube, von dem die Familie zwei Jahre lang nichts gehört habe. Auf einem anderen Foto sei möglicherweise ein Bruder des Verwandten zu erkennen. Tatsächlich bekam seine Familie schon bald Beileidsbekundungen, obgleich man nicht sicher sein konnte, dass es sich bei den Toten um die beiden Verwandten handelte. Mein Freund nannte die Veröffentlichung der Bilder in starken Worten ein »Wandeln durch Leichen« und ergänzte: »Das schlimme Leiden unseres Volkes und unseres ganzen Landes heißt nicht, dass es ein überflüssiger Luxus wäre, auch an die Mütter, Väter, Angehörigen und Freunde der Toten zu denken und zu versuchen, ihre Gefühle zu achten.« Dem wohnt eine unwiderlegbare Logik inne, nicht nur, weil ich diesen Freund so sehr achte und mich in ihn hineinversetzen kann. Denn was diesen Fall besonders schlimm macht, ist die Unsicherheit, die die Angehörigen dazu zwingt, die Bilder ein ums andere Mal ganz genau anzusehen, ohne dass sie damit je Sicherheit erlangen werden, ob dieser leblose Körper ihren Vermissten darstellt oder nicht. Angesichts dessen muss man sich fragen, wie man am besten abwägt zwischen dem drängenden allgemeinen Bedürfnis, das Schreckliche abzubilden, weil es unsere Situation darstellt, und dem Schutz der Angehörigen, wenn die geschundenen Körper ihrer Liebsten zur Schau gestellt werden und sie sich ausmalen müssen, was diese vor ihrem Tod durchgemacht haben mögen.

Es scheint dafür keine gute Lösung zu geben. Denn zum einen handelt es sich bei den Angehörigen um keine kleine Gruppe (sie sind tatsächlich die Mehrheit der Bevölkerung, ja fast alle Einwohner des Landes). Und zum anderen gehört zu einer Opferkrise wie der unseren, dass es eine Trennlinie zwischen persönlich und kollektiv nicht mehr gibt. Das Internet und die sozialen Netzwerke heben diese Trennung erst recht auf, sodass die beiden gegensätzlichen Forderungen unmöglich zu vereinbaren sind. Aber geht es hier nur um Bilder? Die Überschneidung zwischen dem Persönlichen und dem Kollektiven, die Aufhebung der Grenzen, die Ungewissheit und – dem vorausgehend – die schreckliche Gewalt und die Zerstörung unzähliger Leben und Lebensumfelder durch entgrenzte Gewaltpornografie: Ist all das nicht Ausdruck einer Fundamentalkrise, der man mit traditionellen Mitteln oder administrativen Ideen längst nicht mehr beikommen kann? Es geht nicht nur um einen Defekt in Gesellschaft und Politik, sondern um den

Zusammenbruch der Grundlagen von Gemeinschaft, Politik und Werten, um den Zusammenbruch der Grundlagen der geistigen, künstlerischen und kulturellen Darstellung unseres Lebens, des Lebens von uns Syrern, und derjenigen unserer politischen Vertretung.

Die öffentliche Zugänglichkeit der Bilder ist heute insofern Ausdruck einer Grundlagenkrise, als diese eine allgemeine Auflösung bedeutet.

Ich sage keineswegs, dass diese Bilder nicht entwürdigend sind. Zu sehen, wie Körper zerstückelt werden, wie einem Kind der Kopf abgeschnitten wird, wie die Kinder Hamza al-Khatib oder Tamer al-Sharei gequält werden, wie ein Kind einem Soldaten die Stiefel küssen muss wie in *Silvered Water*, wie es dann sexuell missbraucht wird, wie einem Opfer des Regimes der Kopf mit Betonplatten zerschmettert wird, wie der IS Menschen kreuzigt, wie alawitische Fahrer, weil sie die Frage nach der Anzahl der Verbeugungen beim Morgengebet nicht beantworten können, ermordet werden, wie ein junger Mann aus Darʿā zu Boden geworfen wird, während ein bärtiger alter Mann ihm seine Sünde erklärt, bevor er ihn sadistisch mit dem Bajonett seines Gewehrs ermordet – all das ist in höchstem Maße demütigend und entwürdigend für uns. Aber ist es demütigend und entwürdigend, weil es auf einem Bild festgehalten wurde oder weil es passiert ist? Manch einer mag behaupten, dass es zu solchen Begebenheiten erst kommt, weil sie gefilmt und gezeigt und öffentlich gemacht werden. Das ist heute eine verbreitete Logik, die eng verflochten ist mit einer Welt, die sich komplett in Texten auflöst und in der man, statt auf historische Erfahrungen zu schauen, sich nur auf Diskurse, Texte und Bilder konzentriert. Damit aber macht man sich zum bloßen Zuschauer, zu einem Konsumenten von

Bildern, Texten und Diskursen von Menschenrechtsverletzungen und Zerstörung, anstatt die Welt hinter den Bildern zu betrachten und sich in die hineinzuversetzen, die zu Opfern wurden. Genau das aber sollten wir tun, und wir sollten es zu einer öffentlichen Erfahrung machen.

Es stimmt: Wenn eine Demütigung im Privaten verbleibt, dann erleidet sie in erster Linie ihr Opfer, aber die Wahrscheinlichkeit, dass das Opfer oder jemand anders sie wieder erlebt, bleibt hoch, wenn die Umstände, in denen sie begangen wurde, unverändert bleiben. Zugleich ist eine öffentlich begangene Demütigung für das Opfer zwar noch schlimmer, als wenn niemand Zeuge davon wird, aber die Wahrscheinlichkeit, dass Widerstand und Protest gegen den Übergriff und die Umstände, die ihn ermöglichen, hervorgerufen werden, ist durch die Öffentlichmachung ungleich höher. Ist ein sexueller Übergriff auf ein Kind demütigend für das Opfer? Ganz ohne Frage: ja. Aber wenn wir uns in das Kind hineinversetzen und uns als ebenso vergewaltigt begreifen, dann verteidigen wir seine Würde und verwandeln die Demütigung in einen Akt des Aufbegehrens und in die Schaffung von Werten, was nicht möglich wäre, würden wir den kriminellen Akt nicht ansehen und uns nicht in die Situation versetzen. Und gilt dies nicht auch für die Vergewaltigung einer Frau? Es handelt sich dabei nicht nur um einen gegen sie gerichteten Akt der Demütigung und Zerstörung, sondern die Vergewaltigung zielt auch auf die Zerstörung ihrer Gemeinschaft. Wenn wir aber eine Kunst und eine Kultur entwickeln, die ausdrücken, dass wir selbst die Frauen sind, die vergewaltigt werden, dann tragen wir dazu bei, ihre Würde zu schützen, und schaffen ihnen einen neuen gesellschaftlichen Rückhalt, der sie und ihre Gemeinschaften vor der Zerstörung bewahren kann. Und um nichts anderes als um einen Akt der Würde handelt es sich, wenn wir uns weigern, zu wissen, wie oft man sich beim Morgengebet zu verbeugen hat, denn so werden wir zu Verbündeten der Ermordeten, nicht der Mörder.

Wenn wir hingegen über die Gräueltaten und die Bilder, die davon gemacht werden, schweigen, dann sind die Ersten, die heil davonkommen, die für die Gräuel verantwortlichen Täter. So schützen wir weder die Opfer noch die Würde ihrer Familien noch unsere eigene, die Position der Opfer und das Anliegen der Familien teilende Würde, sondern schützen nur die Mörder davor, geschmäht zu werden.

Nun kann man fragen: Warum einigen wir uns nicht auf Grundsätze, die den Umgang mit Bildern in der Öffentlichkeit regeln? Warum erarbeiten wir keine »Verfassung«, die unsere Beziehung zur Welt der Bilder klärt? Dadurch würden wir weder administrativ oder subjektiv etwas verbieten oder einschränken, noch würden wir rücksichts- und würdelos alles zulassen. So sinnvoll das auch erscheinen mag – damit es tatsächlich zu einem Zustand der Besserung kommt, muss es uns, so glaube ich, zunächst gelingen, Fortschritte bei anderen Regeln und uns aus dem Zustand der Gewaltpornografie erlösenden Grundlagen zu machen, bei der Erarbeitung einer tatsächlichen politischen Verfassung, mithin beim Übergang zu einer neuen Ordnung in Gesellschaft und Politik und im Leben. Das alles verweist wiederum auf das oben vorgeschlagene Archiv. Ein Archiv wäre eine unabhängige *res publica* von Verfassungsrang, die wir jederzeit aufsuchen können, um nicht zu vergessen und um uns zugleich vom Schrecklichen zu lösen. Eine unabhängige »Republik der Bilder« wäre ein Baustein bei der Errichtung einer Republik der Lebenden, der Freien.

Da wir uns aber noch immer in einer Fundamentalkrise und einem Zustand permanenter Gewaltanwendung befinden, scheint eine allgemeine Zugänglichkeit der Bilder die logischste Option zu sein, bei der es sich letztlich nur um eine Konsequenz aus der Unmöglichkeit handelt, den Strom von Bildern zu regeln. Diese Unmöglichkeit müssen wir schicksalhaft akzeptieren und versuchen, sie gegen sich selbst zu wenden, indem wir das Schreckliche und seine Bilder zu einem Gedächtnis wandeln, das sich von der Vergangenheit trennen kann, mit der es verwoben ist und die es in Besitz genommen hat. Wir befreien uns von ihr, indem wir sie kennen und besitzen.

Wir wurden in einer enormen Weise gedemütigt, aber unsere Würde lässt sich nicht wiederherstellen, indem wir verdrängen, was uns geschehen ist. Sie lässt sich nur wiederherstellen, indem wir unserer Demütigung ins Gesicht sehen, und zwar lange und oft. Nur so kann es zu einer öffentlichen Diskussion kommen, mithilfe derer wir das Grauen verarbeiten, und vielleicht erwachsen daraus neue geistige, ethische und künstlerische Grundlagen, die eine neue Art der Teilhabe begünstigen.

Wunden und Worte

Über die Krise der Darstellung und die Darstellung von Krisen[88]

> Das Wort *(kalima)* hat eine Wirkung auf den, der es hört. Im Arabischen leitet sich *kalima* von *kalm* ab, was »Wunde« bedeutet und auf die Wirkung beim Angesprochenen verweist. Sprechen hat Wirkung und Effekt, worin es sich mit Männlichkeit überschneidet. Das Sprechen heißt *kalām*, weil es von einer Wunde *(kalm)* herrührt, so wie das Neugeborene aus der Vagina seiner Mutter kommt.«
>
> Muhyī d-Dīn Ibn ʿArabī, *al-Futūḥāt al-Makkīya* (»Die mekkanischen Offenbarungen«)

1.

Im Arabischen besteht ein morphologischer Zusammenhang zwischen »Leid« *(ʿināʿ)* und »Bedeutung« *(maʿnā)*, weswegen es möglich wäre, zu sagen, Bedeutung sei Ergebnis von Leid beziehungsweise von Leiden. Aber das Leiden hat keinen »Mutterleib«, aus dem Bedeutung hervorgehen könnte, auch wenn man in der Lyrik ein solches Bild bemühen mag. Um ein Leid direkt in Sinn zu überführen, muss aus ihm eine Klage werden, ein Beklagen des Schmerzes. Aber lässt sich aus Leid auch indirekt eine Bedeutung ableiten? Die Beantwortung dieser Frage verweist auf eine Ebene, über die im arabischen Rahmen bisher zu wenig nachgedacht wird: die Darstellung.

Wir sind stets darum bemüht, Erfahrungen in Worte oder andere Formen zu fassen, und zwar so sehr, dass man die Darstellung als einen zusätzlichen Sinn ansehen könnte, der sich unseren fünf oder sechs anderen Sinnen beigesellt. Denn sie ist insofern ein Sinn, als sie ständig zwischen uns und der Welt vermittelt. Jedenfalls stellen wir beständig unsere Erfahrungen dar, unsere Kenntnisse, unsere Krisen, unsere Gefühle ... Wir verwandeln sie in Worte, Bilder, Töne oder Farben. Eine solche Übertragung »imitiert« das Erlebte oder »entspricht« ihm in einer verschiedenartigen und komplexen, sich historisch wandelnden Weise. Darstellung ist die vermittelnde Ebene zwischen Erfahrung und Idee, zwischen Leid und Bedeutung und – wenn wir den Zusammenhang wie Ibn ʿArabī herstellen wollen – zwischen Wunden *(kulūm)* und Worten *(kalimāt)*. So können Lesarten entstehen, die »unabhängig« davon sind, was an Leid, Erlebnissen oder Krisen im Einzelnen dargestellt wird. Unsere Erfahrungen, ja selbst unsere Krisen sind nicht notwendigerweise nur Leiden und Schmerz, aber insofern sie in uns Unruhe auslösen und amorph sind, regen Krisen zum Nachdenken und zur Darstellung an und wollen zum Ausdruck gebracht werden. So verwandeln wir unsere Krisen und unser Lebensleid in öffentliche Ideen, Bilder und Bedeutungen, die uns einerseits dabei helfen, uns von ihnen abzukoppeln (wodurch wir eine Geschichte bekommen), und die es andererseits ermöglichen, dass auch andere an ihnen teilhaben (womit sie zur Gesellschaftsbildung beitragen).

Vermittels der Darstellung abstrahieren wir unsere leidvollen Erfahrungen vom Schmerz und von allem, was uns verletzt und belastet. Wir tun dies, indem wir einen Schmerz schaffen, der gleichsam nicht wehtut, also einen gleichartigen beziehungsweise imitierten Schmerz. Dabei mögen wir anderen nacheifern oder Neues kreieren, und vielleicht schauen sich auch andere bei uns etwas ab. Darstellung beruht auf Imitation, auf der Schaffung von etwas, was dem entspricht, das wir darzustellen versuchen.[89] Indem wir »entsprechende« Krisen und Erschütterungen schaffen, die unsere tatsächlichen »imitieren«, mildern wir die Letztgenannten ab und überwinden sie. Dadurch kommt der Darstellung eine therapeutische Funktion zu.

2.

Auch aus bereits verfügbarem Material können wir uns bedienen, um unsere Erfahrungen darzustellen. Liebe können wir mit einem Gedichtvers von Nizar Qabbani oder Mahmud Darwish, von al-Mutanabbi oder Antara ibn Shaddad, von Louis Aragon oder Pablo Neruda ausdrücken, vielleicht auch mit einer bekannten Liedstrophe. Geduld lässt sich mit einem Koranvers oder einer Passage aus der Thora, mit einem Sprichwort oder einem Lied von Umm Kulthum umschreiben. Hoffnung kann mit alter Dichtung oder einem Zitat von Saadallah Wannous illustriert werden, Politisches mit prophetischen Zitaten oder solchen von Ibn Khaldun, Ibn Taymiyya, Lenin oder Carl Schmitt. Mit ihren Aussprüchen und Gedanken stellen wir Erfahrungen dar und teilen zugleich ein Erbe mit einer oder mehreren Gemeinschaften.

Darstellung beschränkt sich jedoch nicht auf Sprache, die – das vergessen wir oft – selbst immer auch eine Darstellung der Welt ist. So verweisen bereits die Vokabeln unserer gesprochenen Sprache, etwa »erzählen« *(hakā)* oder »sich vorstellen« (*tasawwara*; wörtl.: »sich ein Bild machen«), auf eine implizite Theorie der Nachahmung *(muhākāh)*. Die Vorstellung ist der subjektive Eindruck, den man sich von etwas macht, und erzählen heißt, dass wir etwas beschreiben, was sich so ähnlich abgespielt hat. »Er erzählt es« klingt im Arabischen fast wie »er macht es nach« *(yahkihi – yuhakihi)*. Darstellung jedenfalls ist ein soziales und terminologisches Instrument zur Vermittlung von Erfahrungen und Gefühlen, und sie umfasst wiederum weitere »Sprachen« oder »Medien«: die Stimme in der Musik, Linien und Farben in der Malerei, Bilder in Filmen, Festmaterial in der Bildhauerei und Architektur, körperlichen und sprachlichen Ausdruck im Schauspiel und vieles Weiteres mehr. In jedem dieser Beispiele stellen wir die Welt dar, indem wir eine Entsprechung für sie erzeugen, eine andere Welt, so als könnten wir in unserer vorgefundenen nicht leben, ohne sie immer neu zu erschaffen.

3.

Wie aber vermitteln wir »entsprechende« beziehungsweise »imitierte« Erfahrungen? Wenn wir Schmerz oder Furcht empfinden, wie drücken wir dies schriftlich, musikalisch oder bildlich aus? Was »entspricht« dem Schmerz oder der Angst? Wie kann eine aufgeschriebene oder gefilmte Liebesgeschichte der Liebe entsprechen? Darüber haben sich schon viele den Kopf zerbrochen, zumal gerade Liebe, Schmerz und Angst in vielfältigster Weise dargestellt werden können.

Das Massaker beispielsweise, das *Guernica* von Pablo Picasso zum Ausdruck bringt, sieht nicht wie etwas Reales aus, aber es repräsentiert in »schrecklicher« Weise etwas Schreckliches, imitiert das Geschehen »in gewisser Weise«: die brutale Zerstörung von Leben inmitten größter Anspannung. Das Gemälde »imitiert« das Massaker auf eine nie dagewesene Art, die aber andere Darstellungsweisen nicht ausschließt. Die Entsprechung erfordert also nicht, dass die Darstellung eine geistige »Kopie« des Geschehenen oder ein »getreues« Abbild davon ist, sondern impliziert eine transformierende beziehungsweise produktive Wirkung durch die darstellende Person. So ist der *Herbst des Patriarchen* von Gabriel García Márquez eben wegen des albtraumhaften, atemberaubenden Stils des Romans eine so herausragende Darstellung von Diktatur. In beiden Fällen beobachten wir eine Absetzung vom Realismus, durch die die Moderne möglicherweise definiert ist: durch eine Distanzierung vom »Thema«. Realismus ist eine Auffassung von Literatur und Kunst, die auf »die Realität« verweist, und untergliedert sich in traditionellen, sozialistischen, kritischen, magischen und sonstigen Realismus. Er impliziert eine realitätsnahe Darstellung des jeweiligen Gegenstands und geht auf eine Tradition verschiedener Darstellungsweisen zurück, die sich meines Erachtens als unzureichend erwiesen haben.

Beide Beispiele – *Guernica* und *Der Herbst des Patriarchen* – belegen zudem, dass der Darstellung zusätzlich zur Imitation immer auch eine gewollte grundlegende Wirkung innewohnt, sie also ein quasi nicht-imitierender Akt ist, der sich verwehrt, den »tradierten« Regeln unterworfen zu werden, sodass wir zuvor nicht wissen können, wie das Dargestellte aussehen wird. Regel und Form gehen folglich der Darstellung nicht voraus, sondern ergeben sich aus ihr. Das gilt sogar dann, wenn die Darstellung einer realistischen Schule folgt. Und selbst bei der Abbildung einer unbewegten Sache, bei einem Stillleben in der Malerei oder in der arabischen »beschreibenden Dichtung« geht die Darstellung über ein »originalgetreues Abbild« des Gegenstands hinaus. Immer gibt es die vermittelnde Instanz der Linie, der Farbe, des Lichts, der Wörter, des Metrums oder des Rhythmus, man spürt einen »Atem« des Dichters oder Malers und seine Entscheidung, nicht nur zu imitieren und nicht nur ein Instrument zu sein, das Entsprechungen herstellt. Das Ergebnis kann zwar auch schlechte Kunst sein, aber in jedem Fall liegt in der künstlerischen Darstellung eine grundlegende Wirkung, die über eine reine Imitation hinausgeht.

Was man dem Realismus in all seinen Spielarten anlasten kann, ist der Zentralismus, den er der »Realität« anstelle der Erfahrung einräumt. Der Realismus stellt sich die Wirklichkeit auf eine Weise »gegenständlich« vor, sodass man sie nachbilden kann – wodurch sich die Frage nach dem Grad der Akkuratesse der Abbildung aufdrängt. Der Realismus glaubt an Dinge und Situationen an sich, das heißt an solche, die a priori sich selbst entsprechen, sowie an eine ihnen eigene, unserer Vorstellung von ihnen vorausgehende und sie überdauernde Identität. Dem Realismus zufolge gibt es eine Realität, und es gibt eine Wahrnehmung davon, so als wären wir von der Welt getrennt und sie von uns und als käme die Wahrnehmung der Dinge und der Realität von außerhalb ihrer selbst. Das führt zu einer Verkürzung der Distanz zwischen Existenz und Erkenntnis, raubt der Frage nach der Legitimität von Erkenntnis die Grundlage (Können wir wissen? Sagt das, was wir wissen, etwas über die Welt?) und verleiht der Erkenntnis ebenso einen existenziellen Charakter, wie sie der Existenz einen erkenntnisbezogenen Charakter verleiht. Meines Erachtens ist dies die Grundlage aller idealistischen und religiösen Theorien über Geist und Seele.

Erfahrung, im Gegensatz zu Wahrnehmung, impliziert, dass wir eine Geschichte haben, dass wir die Welt erfahren. Denn da wir nur *durch* die Welt auf der Welt sind (wir kommen von ihr, wir bestehen aus allem, was auf ihr ist, und sie kommt von uns) und da unsere Wahrnehmung der Welt in der Welt entsteht, muss unser Denken sich um die

Erfahrung drehen, um das Erleben und Leiden in der Welt, ergo um die Existenz auf ihr und ihre Existenz in uns. Zugleich impliziert Erfahrung, dass es Vorerfahrungen gibt, dass es eine Geschichte von Darstellung und »Leid«[90] gibt (wenn »Idealisten« und »Materialisten« von Wahrnehmung oder Erkenntnis sprechen, übersehen sie dieses historische Element), und schließt damit die Idee von Original und Abbild aus. Erfahrungen sind unterschiedlich, und ihre Unterschiedlichkeit macht sie aus.

4.

Wir unterstellen hier, dass die Darstellung der Schneidepunkt zweier Linien ist, einer, wenn man es so – nun ja – darstellen darf, horizontalen und einer vertikalen. Die horizontale Linie ist der Mittelwert von Erfahrungen und Ideen einerseits und Existenz- und Bedeutungsleid andererseits, während die vertikale für Überlieferung sowie für all das steht, was diese uns an Sprache, an Formen, Regeln und Mitteln zur Darstellung der Welt bietet, darunter Schrift-, Musik- und Aufführungstraditionen. Bei der Horizontallinie geht es um die unmittelbare Versprachlichung eines Ereignisses, das heißt um den *Ausdruck*: Wir drücken eine Erfahrung durch eine Idee aus, ein Existenz-Leiden *(muʿānāh)* durch eine Bedeutung *(maʿnā)*, ein Erlebnis mit einem Sprichwort und so weiter. Der Ausdruck *(taʿbīr)* »imitiert« das Erlebte und überschreitet es *(yaʿburuhā)*, sodass daraus »Bedeutung« wird oder eine »Lehre« *(ʿibra)* gezogen werden kann.

Bei der vertikalen Linie geht es um die *Gestaltung* von Erfahrungen oder Erlebnissen. Dabei bedienen wir uns dessen, was die Überlieferung an Formen, Bildern und Regeln bereithält, wir spielen damit und gehen darüber hinaus. Vielleicht wäre es noch besser, von »Überlieferungen«

im Plural zu sprechen, um verschiedene Möglichkeiten der Formgebung zu betrachten, alte ebenso wie neuere, überkommene wie angeeignete, endemische wie eingeführte, volkstümliche wie aufgeklärte. Wir teilen sie mit Menschen in unserer Umgebung, mit Menschen anderer Überlieferung und mit Menschen einer wieder anderen Überlieferung und so fort. Ein kommunistischer arabischer Romanautor zum Beispiel trägt einen Teil des Erbes der arabischen Sprache in sich, einen Teil der globalen Romantradition als auch einen Teil der kommunistischen Tradition mit ihren Symbolen, Zielen und Quellen. Dazu kommt noch ein familiäres und lokales Erbe, das er in seiner Kindheit und Jugend erworben hat. All diese Überlieferungen »kreativ« (also neuartig und attraktiv) zu vereinen oder zu koordinieren, darin besteht die Aufgabe eines Künstlers, und er meistert sie mehr oder weniger gut.

Dadurch, dass es so viele unterschiedliche Überlieferungen gibt, ist die normative Kraft ihrer Regeln relativ, weshalb wir uns von keiner völlig abhängig machen müssen und Spielraum haben. In nur einem Traditionsrahmen – in einer geschlossenen Welt mit einer zyklischen Geschichte – wären wir weniger frei und tendierten zur Wiederholung bestehender Darstellungsformen.

Darstellung ist in jedem Fall eine Kombination aus Ausdruck (die Erfahrungs- bzw. Ideenachse) und Gestaltung (Überlieferungsachse). Daraus können neue Ideen und Bilder erwachsen, die ein Teil der jeweiligen Überlieferung werden und sie so erweitern. Volkskunst ist für gewöhnlich expressiv, weil sie ein mehr oder weniger direktes Bindeglied zwischen Leid und Bedeutung ist, und sie bedient sich eines begrenzten Arsenals an Traditionen. Auch die gesprochene Sprache ist expressiv, weil sie nicht niedergeschrieben wird und auf fast kein Erbe zurückgreifen kann, zumindest kein bewahrtes. Sie ist somit formenarm. Die scholastische Kunst dagegen, darunter die moderne Kunst der Akademien, lässt sich als gestaltend definieren. Sie arbeitet mit gegebenen Überlieferungen und formt sie bildlich in verschiedener Weise aus, wobei sie zum Teil auch auf aktuelle Erfahrungen und Krisen zurückgreift. Der zeitgenössische Islamismus und insbesondere der Salafismus ist durchaus gestalterisch, vernachlässigt aber den Ausdruck, also alles, was mit bestimmten Situationen zu tun hat, mit Erfahrungen und Dilemmata, mit sozialen oder politischen Krisen (ich werde noch darauf zurückkommen), und verschmilzt all dies stattdessen in einen vollendeten Plan, der von einer einzigen Überlieferung, ja nur von einem Teil dieser abgeleitet wird. Und weil die Überlieferung hier nur eine einzige (und unvollständige) ist, bleibt der Spielraum für Veränderung gering und ist ein Blick auf die Tradition von außen und damit auf ihre Schwächen und Stärken ausgeschlossen. Der Islamist lebt nur in seiner Überlieferung, sieht die Welt mit ihren Augen und schützt sich mit ihr vor Erfahrungen, Krisen und Leid, die auszudrücken und mit neuen Worten zu beschreiben ihm verwehrt bleibt.

5.

Wenn Darstellung nur eine Sinnesempfindung wäre, dann wären wir alle Darsteller. Eine Darstellung kann der Überlieferung jedoch eine neue Bedeutung oder einen neuen Wert verleihen, sie kann produktiv oder »kreativ« sein, oder sie kann steril und wiederkäuend sein. Kreativität ist ein Komplex aus Ausdruck und Gestaltung, wie es sie historisch noch nicht gegeben hat. Kreativität erwächst aus der Verschiedenheit von Erfahrungen und Krisen, und Krisen sind, wie ausgeführt, belastende Situationen, denen keine Form eigen ist und die uns dazu »anregen«, ihnen Form zu verleihen. Kreativität entsteht aber auch aus der Unabhängigkeit der Form von den Erfahrungen, aus der Formenvielfalt und der Pluralität der Überlieferungen.

Bei sprachlicher Kreativität aktivieren wir generative Fähigkeiten, durch die wir neue Ausdrücke hervorbringen. Diese Fähigkeiten, glaubt Noam Chomsky, seien angeboren und allen Menschen eigen. Das Besondere an dieser Theorie ist, dass sie Kreativität dem Menschen an sich zuspricht, nicht nur besonders Begabten. Vielleicht besteht das Kreative in Literatur, Kunst und Wissenschaft also in ebenjenen generativen Fähigkeiten, die man sich bewusst erarbeitet oder durch die »Kreative« besondere Energien in sich aktivieren. Sollte dies zutreffen, so könnte man sagen, dass Kreativität erlernbar und trainierbar ist.

Die Annahme einer Veranlagung ist aber vielleicht gar nicht nötig, wenn Kreativität aus Bedeutungserfahrungen entsteht, die uns eine bessere Lebensorientierung oder mehr Daseinssinn geben. Anders gesagt: Vielleicht werden wir kreativ, weil manche unserer Darstellungen lebendiger wirken als andere. Wenn wir alle dasselbe sagen oder wir unsere verschiedenen Erfahrungen mit denselben Worten oder Bildern ausdrücken, so bleiben diese Erfahrungen praktisch undargestellt und wir kommen nicht von ihnen los. Selbstverständlich machen wir auch Erfahrungen, die ununterscheidbar sind, so wie es im Alltag oft vorkommt (wir grüßen in derselben Weise, benutzen dieselben Höflichkeitsfloskeln, wiederholen Rituale …), und die Tradition und alltägliche Formeln reichen aus, um dies darzustellen. Gesellschaften bilden sich durch Wiederholung, um einen Leitfaden von ständig wiederholten Floskeln und Verhaltensweisen herum, die wir Sitten und Gebräuche nennen. Daraus entsteht keine Bedeutung, sondern es manifestiert sich darin nur eine seit alters bestehende Ordnung, eine

Verständigung und ein Gleichmaß. Aber besondere Erfahrungen verlangen eine andere Art der Darstellung, eine, die Sinn herstellt und für die wir mit einem gefestigteren Dasein belohnt werden. Kreativität ist somit ein Akt der Existenz. Wir produzieren Sinn und leben dadurch besser.

Das Gegenteil von Kreativität ist Wiederholung, die keine neue Bedeutung stiftet (unter der Voraussetzung, dass Sinn ohne Schaffung von Neuem bedeutungslos ist). Das Dasein nutzt sich ab, wenn Bedeutung nicht erneuert wird. Hier können wir dem Islamismus ein Problem attestieren, denn er stellt das Leid der heutigen Existenz nicht dar und stiftet keinen neuen Sinn. Ein Dasein ist dann schlecht, wenn es nicht dargestellt wird, wenn es Leid ohne Bedeutung ist.

In jedem Fall sind die Vielfalt und die Verschiedenartigkeit von Erfahrungen und somit die Ausdrucksarten, die Vielfalt der Überlieferungen und somit der Formen sowie erworbene und entwickelte Darstellungsfertigkeiten die Grundlage von Kreativität. Als Einzelne und als Kulturen bleiben wir nur verhalten kreativ, wenn unsere Erfahrungen beschränkt bleiben, wenn sie das Gängige nicht herausfordern, unsere Gewohnheiten in Ausdruck und Gestaltung nicht durcheinanderbringen, sie uns nicht dazu anregen, darstellerisch etwas zu riskieren, wenn wir unsere generativen Fähigkeiten nicht pflegen und trainieren und wenn wir uns auf ein einziges Erbe beschränken. Es sollte nun klar geworden sein, dass ein Erbe Bedingung für Kreativität ist und man dieses nicht über Bord werfen muss, es sei denn, es wird einem zum Gefängnis, sodass man sich früher oder später wiederholt und nur wiederkäut, was einem diese eine Überlieferung an Formen und Bildern anbietet.

Die verschiedenen Überlieferungen bieten verschiedenartige Möglichkeiten der Gestaltung. Die Volkskunst ist, wie gesagt, formenärmer als die hochkulturelle, wenn auch expressiver in der Darstellung. Ebenso verhält es sich mit dem, was man vor einer guten Generation noch Direktheit in Literatur und Kunst genannt hat. Direktheit bedeutet Ausdruck auf Kosten von Gestaltung, also eine mangelhafte Darstellung. Was Direktheit in der Literatur kennzeichnet – wenn also Inhalt vor Form geht –, ist ein Abgleiten in platte Expressionalität. Eine Krise wird so direkt wie möglich in Literatur und Kunst transportiert, um ihre emotionale und mobilisierende Wirkung zu nutzen. Dies geht mit einer Geringschätzung von Überlieferung und Traditionen und einer Nichtbeachtung von deren gestalterischem Nutzen einher. Die Direktheit wurde auch durch die marxistische Widerspiegelungstheorie (jede Erkenntnis ist eine Widerspiegelung der Realität) verstärkt, die ihrerseits alles Geistige und Künstlerische auf Ausdruck verkürzte und Darstellung entweder wissenschaftlicher Erkenntnis oder praktischen Erfordernissen (die Partei, der Klassenkampf, soziale Revolution …) unterordnete und so dem »Inhalt« Vorrang vor Tradition und der gestalterischen Ebene gab. Die Literatur, die Islamisten produzieren, ist ebenfalls auf Ausdruck angelegt, auf Inhalt ohne Form, obgleich Islamisten Leute der Tradition sind. Dieser Ironie liegt zugrunde, dass die moderne Subjektivität der Islamisten auf Konflikt und Negation beruht und dass sie auf der Suche nach Selbstbestätigung ist, indem sie Impulsivität und Mobilisierung gegen eine breite Front von Feinden einsetzt, die fast die ganze Welt umfassen. Sie befassen sich nicht mit Form, und wenn, dann beschränkt es sich auf das Gefängnis der einen Überlieferung, die keinen neuen Sinn stiften kann.

Das arabische Kulturerbe bietet weniger Darstellungsoptionen als die westliche Moderne mit ihrer Vielsprachigkeit und ihrem Formenreichtum in Musik, Malerei, Bildhauerei, Architektur, Aufführungskünsten und so weiter. Dazu kommt, dass die islamische Tradition Vorbehalte gegen viele Darstellungsmittel hat, etwa gegen die plastischen Künste, aber auch gegen Musik und Malerei (ausgenommen sind hier Ornamente und Kalligrafie), Theater und Film.[91] Dem liegt meist der Gedanke zugrunde, dass man Gottes Schöpfung keine Konkurrenz machen dürfe. Aber die Abtötung menschlicher Schöpfungskunst zum Schutz der göttlichen führt zu Primitivität und gibt kein gutes Bild von Gott selbst ab, schließlich hieße dies, dass er entweder die menschliche Kreativität fürchtet oder nicht wusste, dass auch der Mensch schöpferisch ist – oder er wusste es und hat dann seine Meinung geändert! In jedem Fall wirkt ein solches Denken verarmend und bringt uns angesichts unserer Krisen in eine noch schwierigere Lage.

6.

Eine Darstellung ist jedoch noch kein Erfolgsgarant. Scheitern kann sowohl die Ausgestaltung, der Ausdruck oder beides. Wir scheitern, wenn unsere Darstellung dem gegebenen Schatz an Formen, Bildern, Aussagen und Begriffen nichts Neues hinzufügt, wir also nur wiederholen oder unsere Darstellung nicht so weiterentwickeln, dass unseren Erfahrungen ein Mehrwert zukommt, der der Gesellschaft einen neuen Raum eröffnet, oder weil das, was uns als Überlieferung zur Verfügung steht, nicht taugt, um heutige Krisen abzubilden.

Beispiele für missglückte Darstellungen, die aus dem Erbe schöpfen, gibt es viele – wenn man zum Beispiel Gedichte wie in alter Zeit in Blöcken, mit Metrum und Reim verfasst, nach allen Regeln der klassischen arabischen Grammatik spricht und alle Lehn- und Fremdwörter dabei ausspart oder wenn man religiöses Handeln nach Regeln gestaltet, die Islamgelehrte vor vielen Jahrhunderten festgelegt haben und deren Krisen völlig andere waren als unsere heutigen, und dies einzig mit dem Argument, der Islam passe zu jeder Zeit und an jeden Ort. In allen diesen Fällen geht es um eine fundamentalistische Tendenz in Sprache, Dichtung und Religion, die zur Buchstabentreue neigt und abstreitet, dass Zeiten, Erfahrungen, Krisen und Leiden sich ändern, mit dem Ergebnis, dass alles Neue undargestellt und unbearbeitet bleibt. Und dies wirkt sich als Scheitern aus, Dinge darzustellen, was wiederum in Gestalt von Gestammel und Mittelmaß auf unser menschliches Dasein zurückwirkt.

Themen des kulturellen Erbes haben arabische Denker von den Siebzigerjahren bis zum Ende des 20. Jahrhunderts stark beschäftigt. Der marokkanische Philosoph Mohammed Abed Al-Jabri verortete etwa in seiner *Kritik der arabischen Vernunft* die Probleme des »arabischen Denkens« in einem »analogen Denken«, das einem besonderen geistigen Mechanismus folge, der das »Verborgene« (*ghā'ib*; gemeint ist das »Ungelöste« bzw. das »Problem«) an einem »Beleg« *(shāhid)* messe.[92] Der »Beleg« ist in der islamischen Rechtslehre ein Thema, zu dem bereits ein religiöses Urteil vorliegt. An diesem orientiert man sich bei neu auftretenden ähnlichen Fällen, um auch diese zu beurteilen. Anders ausgedrückt: Das »Ungelöste« ist die belastende Erfahrung beziehungsweise Krise, unter der wir im Jetzt leiden, während der »Beleg« ein alter, unverrückbarer Text ist. Dasselbe Prinzip hat man in der arabischen Grammatik verfolgt, bis alle Regeln festgelegt waren.

Es ist wie eine verkehrte Welt: Ein Text tritt an die Stelle unserer irdischen Erfahrungen – das Problem (eine sich verändernde Welt) soll durch einen abgeschlossenen Text gelöst werden. Hier funktioniert schon das Herzstück des Ansatzes nicht. Keine leidvolle Erfahrung kann auf diese Weise dargestellt werden, sie wird vielmehr, in Al-Jabris Sprache, »beseitigt« *(istiqāla)*. Denn wenn »ungelöste« menschliche Anliegen, die sich ständig verändern, jeweils einem »Beleg« entsprechen sollen, der feststeht und zu dem es bereits ein Urteil gibt, dann ist ein solches Vorgehen Willkür, weil so das Unvollendete dem Vollendeten untergeordnet wird. Es ermutigt zu einer reinen »Entsprechungstheorie« und zu Wiederholung. Wer eine belastende Erfahrung hat, muss zugunsten des Analogie-Urteils »aufgeben« *(yastaqīl)*. Diese Regel unterwirft die Gegenwart der Vergangenheit und dem ohnehin schon Bekannten, sie stellt das Neue nicht dar und kann sich im Neuen nicht wandeln, und alles Nicht-Analoge wird in den Bereich des Abweichenden verschoben, wo es nie ein Maßstab werden kann. So kann eine Darstellung aufgrund einer Überlieferung scheitern. So bleiben Erfahrungen unveranschaulicht und unvorstellbar, das heißt unbegriffen und unangeeignet.

Wir haben es hier mit einem Scheitern der Darstellung unter dem Einfluss von Druck zu tun, der auf ein Erbe zurückgeht, das bestimmte Ausdrucksformen anbietet beziehungsweise untersagt.

7.

Ich möchte ausdrücklich die Schwierigkeit thematisieren, heutige Erfahrungen und Krisen in Begriffe und Ideen, in Geist und Kunst zu übertragen und aus Leiden Bedeutung zu machen. Es ist nämlich keineswegs sicher, dass wir aus Leid Sinn gewinnen können, indem wir es aus uns herausholen und mit denen, mit denen wir es erlebt haben und denen wir es darbieten, eine Gemeinschaft bilden. Ebenso wenig sicher ist, dass es uns gelingt, das Trauma, das es verursacht hat, abzuschütteln, uns von ihm zu trennen und es zu Geschichte zu machen. Leid, das unerträglich ist, kann uns töten oder unsere Fähigkeit oder sogar unseren Wunsch, es auszudrücken, zerstören. Zu solchen Erfahrungen gehören Folter, Vergewaltigung oder lange und grausame Haft, und zu viele Syrer haben ebendies in den Jahren seit 2011 erlebt.[93] Solche Erfahrungen können tödlich sein, welcher Ausdrucksmöglichkeiten wir uns auch bedienen und wie gute Darsteller wir auch sein mögen. Es mag Erfahrungen geben, deren Darstellung die Mittel und Formen, die wir haben, übersteigt, die größer sind als alles Erbe und alles, was Menschen zur Verfügung steht: brutale, verletzende und tief betrübliche Erfahrungen.

Vielleicht lässt sich Betrübnis als Ergebnis eines nicht erfolgten Ausdrucks definieren, etwa wenn wir mit unserem Leid leben und ihm keine Bedeutung geben (und somit keine Gemeinschaft herstellen) und uns nicht von ihm lösen können (wodurch keine Geschichte entsteht). Wenn wir im Bann des Leids leben, und niemand lebt es mit uns, und wir keine Distanz zu ihm schaffen können.

Manche ertragen Mühen besser als andere, weil sie Vorerfahrungen haben, sie können sie darstellen und schwere Krisen in Neuanfänge verwandeln. Aber all dies ist relativ. Manches Unglück mag so schwer sein, dass alle Übung und Fähigkeit zur Darstellung nicht dagegen ankommen. Es trifft uns so hart, dass die Wunde nicht verheilt und wir uns nur noch mit ihr beschäftigen, dass die Zeit des Unglücks gegenwärtig bleibt und wir uns nicht von ihr entfernen können. Könnten wir es ausdrücken und hätten wir eine Form der Darstellung, könnte uns dies helfen und wir könnten überleben.

Aber möglicherweise fehlt uns auch der Wille zur Darstellung. Uns ist zwar bewusst, dass uns Darstellung Macht über das Trauma geben würde und ein Schritt wäre, uns davon zu lösen und uns mit der Welt zu versöhnen, die es uns angetan hat – aber wir wollen es gar nicht. Depression oder Selbstmordgedanken oder auch die *Sunna* (»Tradition«, nach Abdallah Laroui, auf den ich im achten Teil zu sprechen komme), das heißt der Versuch, sich am Trauma festzukrallen oder sich in nur engen Kreisen darum herumzubewegen, der Wunsch, Bomben zu werfen, all das kann eine Darstellungsverweigerung ausdrücken sowie das Bedürfnis, unsere Traumata vor der Darstellung zu schützen (indem wir uns davor »schützen«, unsere Traumata darzustellen und sie dadurch ziehen zu lassen). Womöglich möchten wir uns für die traumatische Erfahrung selbst bestrafen, also verweigern wir ihre Darstellung, wir möchten, dass sie uns weiter schmerzt.

Ich muss hier etwas klarstellen. Mehrfach habe ich geschrieben, dass eine Darstellung von Erfahrungen uns dabei helfe, uns von Krisen zu »lösen« oder Distanz zu ihnen aufzubauen, und wir sie so zu Geschichte machen können. Die Metapher von der Entfernung und der Loslösung trifft es aber nicht ganz. Indem wir etwas darstellen und ihm so eine Bedeutung verleihen, nehmen wir unsere Erfahrungen in Besitz. Wir verändern uns, indem wir sie vereinnahmen und sie für uns haben. Ein besseres Bild wäre daher eines, das Tiefe ausdrückt: Indem wir Erfahrungen darstellen, ausdrücken und gestalten, legen wir sie in unseren inneren »Schrank«. Dort bleiben sie in einem aufgeräumten, unveränderten Zustand, sie fallen nicht heraus und fließen nicht über. Sie werden Teil unserer Vergangenheit, weil sie tief innen ruhen. Es geht also nicht darum, Abschied von ihnen zu nehmen, sondern um ihre Verwahrung. Alle Erfahrungen, die wir danach machen, bauen auf die mehr oder weniger gut verwahrten vorigen auf. Alles, was wir nicht aufräumen, bleibt in einem ungeordneten Zustand, der in der syrischen Umgangssprache *mufashkal* heißt, eine Mischung aus *fashal* (Scheitern) und *mushkila* (Problem), das zudem noch das Fehlen einer Gestalt impliziert. Wenn wir also von einer Metapher des »Abstandes« zu einer solchen der »Verwahrung« übergehen, kommen wir von der Geschichte zur Anthropologie oder zu einer Geschichte, die sich anthropologisch begründet.

8.

Zuweilen versagt die Darstellung auch, wenn ein missratener Ausdruck und eine schlechte Gestaltung zusammentreffen, etwa wenn verletzende Erfahrungen auf Beschränkungen durch das Erbe treffen. Abdallah Laroui hat einen dynamischen Begriff des kulturellen Erbes entwickelt. In seinem Buch *al-Sunna wa-I-Islāh* (»Sunna und Reform«) stellt er eine Verbindung her zwischen Erbe *(turāth)*, das er *sunna* (»Gewohnheit, Tradition«, es klingt aber auch der »sunnitische Islam« an) nennt, und den Problemen und Krisen der Realität, die er als *hadath* (»Geschehen«) bezeichnet. Nach Laroui ist die *Sunna* beständig damit beschäftigt, die Realität mit ihren Krisen und Erfahrungen zu neutralisieren. Er beobachtet eine Darstellung von Erfahrung, die diese absorbiert und ihre Wirkung in der Gegenwart nach einem vorgegebenen Schema, das sich ständig neu bekräftigt, vereitelt. Es handelt sich hier also um eine Darstellungsverweigerung, um einen aktiven Widerstand, der die Subjektivität und Eigentümlichkeit jeder Erfahrung ausblendet. Somit wird Geschichte in dynamischer Weise verleugnet, und es ist anzunehmen, dass dies von einem als unerträglich empfundenen historischen Trauma herrührt.

Darauf weist Laroui selbst hin. Er spricht von einer »Geschichte von Rückzug und Niederlage«, von »Schande und Schmach«, die die Araber als »Vertreter von Gesetz und Prophetie« getroffen haben müssen. Er vermutet ein schmerzliches Ereignis, das nicht benannt werde, einen »gewaltsamen Übergriff«. Im Lichte dessen sei die *Sunna* zu einer Schutzdynamik geworden, die sich verselbstständigt habe und lebendig geblieben sei, selbst als sie vor nichts mehr geschützt habe und diese Methode selbstzerstörerisch geworden sei. Die *Sunna* habe uns zu Geschichtsleugnern gemacht und die Geschichte dazu gebracht, uns zu verleugnen, ohne dass wir aufgehört hätten, sie weiter zu verleugnen. So sei die *Sunna* eine aktive Aufforderung zum Ausstieg aus der Geschichte, ja zum kollektiven Selbstmord geworden.[94]

Die Frage, die sich aus dieser dynamischen Vorstellung von Erbe ergibt, ist die, ob es möglich ist, das fragliche Geschehen aus der Tradition, aus der *Sunna* heraus, zu eruieren. Könnte man den Worten der Überlieferung selbst entnehmen, welches Unglück jene *Sunna* ausgelöst haben mag?[95] Dabei ist auf den oben genannten sprachlichen Zusammenhang zwischen *kulūm* (Unglück, Wunde) und *kalimāt* (Worte) zu verweisen. Das Problem ist, dass Laroui, ein Historiker, das auslösende Ereignis nicht benennt und es eher als eine These vertritt, die er aus dem Begriff *Sunna* selbst herleitet. Wir haben es hier also mit einem »Zirkel« zu tun: Die *Sunna* habe sich um ein traumatisierendes Geschehnis herum entwickelt, das wir nicht kennen und dem wir nur mit dem Begriff der *Sunna* selbst auf die Spur kommen können. Könnte es dann nicht sein, dass der Ursprung der *Sunna* als Dynamik zur Auslöschung eines Ereignisses in einer Darstellungsverweigerung liegt, in einer Wechselwirkung zwischen einem erlittenen Angriff sowie dem Widerstand dagegen, diesen darzustellen, und einer a-priori-Bereitschaft, sich dieser Erfahrung aus Angst vor Spaltung und Konflikt zu entziehen, mithin aus politischen Gründen? Verfügen wir nicht über einen zeitgenössischen Geschehenskomplex, der uns dabei helfen könnte, uns die Entstehung jener *Sunna* in einer früheren Zeit unserer Geschichte vorzustellen?

Erst vor einer Generation ging der Kommunismus unter, eine Ideologie, die Begeisterungsstürme geweckt, viele Menschen von ihrem Egoismus befreit und Unzählige zu Ausdruck und Darstellung ermuntert hatte. Aber schon vor dem Fall des Kommunismus wies das kommunistische Denken eine Tendenz zur Verkürzung auf, indem es quasi automatisch alle sozialen, politischen und kulturellen Phänomene auf eine »ökonomische Ebene« zurückführte und die Vielgestaltigkeit, die Vielfalt und das Chaos der Realität auf eine viel weniger diverse, aber vermeintlich enorm bestimmende darunterliegende Struktur zurückführte: die materielle Produktionsweise. Diese Methode der Verkürzung nannte man marxistisch und oft genug auch wissenschaftlich.

»Schande und Schmach« trafen ausnahmslos alle Kommunisten in Form des Zusammenbruchs ihrer Ideologie, mich eingeschlossen. Im Ergebnis stoben fast alle in alle Richtungen auseinander, während die, die dies nicht taten – keine Gemeinschaft ohne *Sunna*! –, sich als kleiner Haufen um eine »marxistische *Sunna*« (ebenjenen »wissenschaftlichen Sozialismus«) scharten, das einschneidende Ereignis verdrängten – nicht anders als bei der islamischen *Sunna* – und sich ebenfalls weigerten, es darzustellen und sich zu verändern. Sie neigten gleichermaßen zu Wiederholung und Selbstreferenzialität – bis hin zur Erstarrung. Allerdings gab es noch eine dritte Gruppe, aus der Laroui selbst kommt und zu der sich auch der Autor dieser Zeilen zählt. Diese entzog sich nicht einer Darstellung und der aus ihr entstehenden Veränderung, und sie versuchte, aus keiner Methode, welcher Art auch immer, eine *Sunna* zu machen. Sie war auf der Suche nach Sinn und wollte auch aus dem wiederholten eigenen Leiden Bedeutung ziehen. (Ich vermute, dass der von Laroui geprägte *Sunna*-Begriff so zu verstehen ist.) Hier also stellte das erschütternde Ereignis allein, das heißt der Zusammenbruch des Kommunismus, keine ausreichende Erklärung dar – was bedeutet, dass die *Sunna*, der selbst diese Gruppe nicht zu entkommen vermochte, möglicherweise Ergebnis einer weiter zurückliegenden Verweigerung von Darstellung war, die durch das Ereignis nur verstärkt wurde. Die *Sunna* wäre dann nicht aus dem traumatischen Geschehen selbst entstanden, aber hätte sich als aktives Verleugnungsinstrument erwiesen, das verhinderte, dass man sich vom Vorgefallenen befreien und es vergehen lassen konnte.

In der arabischen Geschichte scheint sich etwas Ähnliches abgespielt zu haben: ein beklemmendes Ereignis weitreichender und chaotischer Wirkung und das aus politischen Erwägungen verkündete »Ende des *ijtihād* (etwa: religiöse Auslegung nach eigenem Ermessen)«, noch gesteigert durch innerislamische Abspaltungsbewegungen, die nach dem »Wunder« der großen Eroberungen der Frühzeit erwartbar waren, bevor es zu noch heftigeren Schlägen kam, nämlich die Kreuzzüge und die Mongolenstürme. Durch diese Umwälzungen verwandelte sich eine historische Niederlage in eine Geschichte des Zusammenbruchs, die Jahrhunderte andauerte und unter dem Patronat einer *Sunna* stand, deren Bemühungen sich darin erschöpften, sich selbst zu schützen, ohne dass sie dabei noch *vor* etwas beschützte.

Es scheint, dass wir heute wieder mit einem enorm verletzenden Geschehen konfrontiert sind, welches auch diesmal wieder starke Abwehreffekte mit dem Ziel des Selbstschutzes hervorruft – in den Worten von Laroui könnte man von einer erneuten »Aufwallung der *Sunna*« sprechen. Die *Sunna* als Bezeichnung einer kollektiven Identität (die der sunnitischen Muslime) erlebt heute ein großes Auseinanderbrechen, und aus der *Sunna* als einem Instrument zur Liquidierung der Realität brechen Ereignisse hervor, die sie über Generationen und Jahrhunderte aufgesogen hat; sie treten als gestaltlose Bestien, Dämonen und Monstren auf, die ihrerseits von keiner *Sunna* eingehegt werden. Angesichts dieser Wirklichkeit, dieser alles überwältigenden Krise und Qual, braucht es neue Worte und eine andere Art der Darstellung. Die Gegenwart ist eine schicksalhafte Herausforderung, und sie kann ein Neubeginn sein, dem wir einen Sinn geben. Um das Geschehen herum können wir eine neue Überlieferung oder eine Vielzahl davon schaffen, statt an einem Erbe festzuhalten, das es nicht geschafft hat, seine Realität darzustellen. Nur so kann eine erneute Erstarrung verhindert werden.

9.

In all diesen drei Fällen gescheiterter Darstellung, sei es in der Gestaltung oder im Ausdruck oder in beidem, kommen wir von einer Darstellung der Krisen zu einer Krise der Darstellung.

Die Krise als gestaltlose Situation ist zugleich Objekt und Anlass der Darstellung. Die Form ist eine Beziehung zwischen dem Weltgeschehen und uns, und was keine Form annimmt, bedrückt uns und löst Spannung aus. Ausdruck und Darstellung sind ein Versuch, eine Krise zu erfassen und ihr ihren traumatisierenden Charakter zu nehmen, sodass man Abstand von ihr gewinnen und Heilung von ihr finden kann. Die Darstellung hat, wie dargelegt, eine therapeutische Funktion, und Kultur kann Beschwerden, Krisen, Wunden und Unheil in der Gesellschaft überwinden.

Das Scheitern in der Darstellung dagegen (sei es aufgrund einer Überlieferung, die nicht zum Geschehen passt, eines Erlebnisses, das so brutal ist, dass es sich jeder Überlieferung entzieht, oder als Resultat einer Wechselwirkung von beidem) belässt uns im Zustand von Schock und Kummer, ohne dass wir uns davon entfernen oder befreien können. Wir können das Trauma weder in ein passendes Regal noch in einen inneren Schrank packen, wir erlangen keine Macht darüber, und es gehört uns nicht.

Wenn sich ein solches Scheitern ein ums andere Mal wiederholt, wird selbst das Denken traumatisierend, sodass wir auch dieses vermeiden oder davor zurückschrecken. Dieses Phänomen ist sehr verbreitet, und viele von uns kennen es. Man vermeidet, über bestimmte Dinge zu sprechen, Nachrichten zu hören oder Zeitungen zu lesen, weil es bis zur Unerträglichkeit schmerzt. Wir suchen Ferne von einem Leid, das darzustellen wir außerstande sind und dem wir mithin keinen Sinn abringen können. Oft schreiben wir über schmerzliche Erlebnisse nicht, weil es schmerzt, an sie zu denken. Sie quälen uns aber auch gerade deshalb weiterhin, weil wir *nicht* von ihnen sprechen, *nicht* über sie schreiben und sie auch anderweitig *nicht* darstellen, und so bleiben wir in einem Kreislauf der Qual gefangen. Das alles kann uns wütend machen, es kann uns zu einem Tier machen oder schlimmer. Ein Tier gestaltet zwar nicht, aber es drückt sich zumindest aus. Das menschliche Tier, das keine Darstellung findet, kann wortlos töten. Auch Töten kann eine Art von Ausdruck sein.

10.

Wenn wir belastende Erlebnisse nicht darstellen können – insbesondere, wenn wir es kollektiv nicht können – oder wenn wir nur einen kleinen Teil oder das weniger Schlimme des Erlebten veranschaulichen, geraten wir in eine Darstellungskrise, und statt dass wir das Erlebte kontrollieren, kontrolliert es uns, und wir verlieren den heilenden Faktor von Kultur als einer Welt vielgestaltiger Ausdrucksmöglichkeiten.

Die Unfähigkeit des Darstellens ist enorm gefährlich, weil es eine Unfähigkeit des Denkens, des Ausdrucks und der Gestaltung bedeutet, mithin eine Unfähigkeit zu allem, was uns hilft, so an Erfahrungen zu denken, dass sie weniger belastend erscheinen. So scheitern wir dabei, ein erfülltes und gutes Leben zu führen und eine Gesellschaft mitaufzubauen, die sich wandelt und die eine Geschichte hat. Wir scheitern bei der Menschlichwerdung. Denn wir werden dann menschlich, wenn wir darstellen können, was uns geschehen ist, und wenn wir es geordnet in uns bewahren können.

Indem wir Erfahrungen als Rohmaterial bearbeiten und uns um Gestaltung bemühen, verwandeln wir sie in Kunst und in eine höhere Idee, in etwas Komplexeres, sodass es das Beste und Kreativste in uns anspricht: das Denken. Und so wie Nachdenken nach Hannah Arendt ein stummes Zwiegespräch des Einzelnen mit sich selbst ist,[96] so ist der Bereich, den die Darstellung urbar macht und immer stärker erweitert, derjenige, worin sich unsere Gedanken und unser Inneres bewegen. Als ein Dialog mit sich selbst bedeutet und erfordert Nachdenken, sich selbst zu erweitern. Wir müssen zwei oder mehr Selbst haben, um zu einer Gemeinschaft werden, um etwas aufnehmen und uns ändern zu können.

Bekanntermaßen hat Arendt eine Verbindung zwischen dem Bösen und einem fehlenden Dialog des Einzelnen mit sich selbst hergestellt, mit dem wir uns selbst disziplinieren könnten. Selbstdisziplin heißt, dass unser eines Selbst das andere kontrolliert. Diese disziplinierende Kraft kann man Gewissen nennen.[97] Das Nachdenken hat eine vermenschlichende Wirkung, indem es das Selbst vergrößert, so wie es eine gesellschaftlich bereichernde Wirkung hat, indem es darstellt und die Welt dadurch vergrößert beziehungsweise »Parallelwelten« schafft. Die Unfähigkeit, nachzudenken, weil man Schlimmes erlebt hat, führt zu einer Verengung des Ausdrucksrahmens und dazu, dass man die Welt in diesen hineinpresst. Die Produktion eines gestaltenden Ausdrucks und Selbstdisziplin helfen uns hingegen dabei, Spannungen, die aus einem Leiden in der Welt entstehen, zu reduzieren. Ohne Dialog bleiben wir an uns selbst haften und können unser Selbst dadurch nicht richten, schrumpft der innere Bereich, innerhalb dessen wir denken, und bleibt das Gewissen schwach. Adolf Eichmann, den Arendt zum Gegenstand ihrer Untersuchung gemacht hatte, wiederholte verbale Phrasen, weil er außerstande war, nachzudenken und sein Selbst so zu vergrößern, was einer der Gründe gewesen sein mag, dass er Schreckliches anrichtete (indem er europäische Juden in Vernichtungslager bringen ließ, wo sie zu Millionen ermordet wurden). Ähnliches gilt für die Kämpfer nihilistischer islamistischer Organisationen und für Glaubenskämpfer allgemein: Sie tragen eine Gewaltbereitschaft vor sich her, die deshalb so groß ist, weil ihre zwischen Leid und Sinn liegende Welt, das heißt ihre Darstellungs- und Denkfähigkeit, vollkommen begrenzt ist. Ihre *Sunna* beziehungsweise »Methode« stellt eine unveränderliche, alte Deutung über ein Leiden ganz anderer Art und das Endliche über das Unendliche, sodass ihre

Welt immer enger wird. Dadurch entsteht ein Übermaß an Leid, dessen Sinn weder die verstehen, die es erleiden, noch die Salafisten beziehungsweise Dschihadisten selbst. Verbale Phrasen ersetzen das Nachdenken und befriedigen allenfalls ein dogmatisches Bedürfnis (das nach einer klaren, streng geordneten Welt, deren künstliche Klarheit das Nachdenken über sie überflüssig macht).

Bekanntlich besteht die Richtschnur für Salafisten aus vergangenen Jahrhunderten importierte Phrasen, die das Geschehen der Gegenwart verleugnen und keinen Sinn und keine Orientierung anbieten. Der Salafismus ist ein ausgesprochener Gegner von Meinung und Denken. Abu Abdurrahman Amin, ein Anführer des Dschihad im Algerien der Neunzigerjahre, pflegte Bücher seiner Kämpfer einzusammeln und zu verbrennen, einschließlich Bücher des Urvaters des Islamismus Sayyid Qutb, weil sie auf »Geist« basierten, und Geist war für ihn eine »Versündigung an der Überlieferung *(bid'a)*, die zum Wohl der Gemeinschaft selbst zum Töten verpflichten kann«, so der hochrangige al-Qaida-Ideologe Abu Mus'ab as-Suri in seinen Erinnerungen an den Dschihad in Algerien.[98] Die Verbindung zwischen Denkfeindlichkeit und Töten besteht nicht zufällig, denn ohne Geist wächst kein Gewissen und keine Selbstdisziplin.

Im zeitgenössischen Islamismus tragen Worte kaum Bedeutung, weil sie nichts darstellen und nichts Neues beitragen. Praktisch begehen die Islamisten daher Mord an der arabischen Sprache, indem sie ihr jeden Inhalt entziehen. Das Arabische wird so zu einer Fremdsprache, zu einem System von Symbolen, mit dem eine kleine Gruppe von Leuten zwar vertraut sein mag, das aber den Lebenserfahrungen selbst dieser Gruppe fremd bleibt – das islamistische Arabisch, wenn man so sagen darf, ist daher allen, die es verwenden, eine Fremdsprache, ähnlich dem Arabischen, in dem nicht arabische, aber auch viele arabische Muslime beten: eine Sprache, die nichts oder kaum etwas bedeutet und lediglich wiederholt wird.

Wiederholung tötet die Bedeutung. Wir kennen das, wenn wir eine Idee stehlen, die jemand anders hatte: Selbst wenn niemand weiß, dass wir sie gestohlen haben, wissen wir, dass wir nichts Neues beigetragen haben. Es fehlt an Bedeutung; wir haben nur etwas wiederholt. Und zuweilen wiederholen wir die gestohlene Idee genau deshalb immer wieder in dem vergeblichen Versuch, sie zu unserer eigenen zu machen. Der geistige Diebstahl tötet aber auch in einem anderen Sinn die Bedeutung: indem diese vom »Leiden« abgetrennt wird, das heißt von der Welterfahrung. Aus einem Ignorieren von realen Ereignissen und Erfahrungen aber erwächst kein Sinn.

11.

Aus dem Gesagten lässt sich ableiten, dass einschneidende Erfahrungen einen Scheideweg darstellen, bei dem die eine Strecke zur Darstellung führt, das heißt zu einer Reproduktion des Traumas in anderen Bildern (denn Darstellung heißt Ausdruck und Zuspitzung), wodurch der Rohimpuls abgemildert und eine soziale und psychische Verarbeitung ermöglicht wird und wir in die Lage versetzt werden, neue Erfahrungen machen zu können. Die andere Abzweigung führt zu Angst vor der Darstellung und zur Verweigerung des Nachdenkens zugunsten von Bösem, von Brutalität und Nihilismus.

Darstellung ist demnach kein überflüssiger Luxus, sondern bringt Segen, während ihre Unterlassung zum Bösen führt. In der Darstellung reproduzieren wir die Welt. Dadurch entkommen wir der »Direktheit« und gewähren uns und der Welt um uns Vielfalt und Sozialität. Bleiben wir hingegen isoliert, werden wir hart oder böse, weil wir unsere Erfahrungen nicht darstellen und unser Inneres weder erweitern noch disziplinieren können. Wir versagen dann dabei, uns plural zu machen, kapitulieren als Gesellschaft vor der Brutalität und scheitern als Darstellende daran, Parallelwelten zu schaffen, die unsere Welt imitieren und zuspitzen, wodurch wir uns unsere Erfahrungen und Krisen aneignen könnten. Der Zusammenhang zwischen einem Verfall von Kultur und einem Abgleiten in die Barbarei liegt daher auf der Hand. Denn Kultur ist die Welt künstlerischer, begrifflicher und ethischer Darstellung, die uns bei der »Verwahrung« von Traumata hilft. Sie ist uns eine Stütze, um der Barbarei zu widerstehen. Gesellschaft wiederum entsteht da, wo schlimme Ereignisse wie Krankheit, Verletzungen, Verlust und Tod umgeleitet und geteilt werden. Begräbniszeremonien, Beileidsbekundungen und Trauer helfen uns, über den Verlust geliebter Menschen hinwegzukommen. In diesem Sinn entsteht Gesellschaft um Kultur – um eine Darstellung der Welt und unserer Erfahrungen in ihr – herum.

12.

Die deutlichsten Beispiele für ein Versagen von Darstellung lassen sich in Gemeinschaften beobachten, die aufgrund von lang andauernden traumatisierenden Gräueltaten und von Isolation in Elend und Verzweiflung versinken, wie es in vielen Regionen Syriens der Fall war. Auch in meiner Generation mussten dies viele Menschen miterleben, etwa Gefangene, die jahrelang im Gefängnis von Palmyra zubringen mussten. Traumatisierende Erfahrungen übertreffen unsere Fähigkeit, sie darzustellen und sie sich vorzustellen, und führen dadurch zu einem Rückzug und zu einem Verlust des Vertrauens in die Welt, wie der Holocaust-Überlebende Jean Améry sagte. Dies führt dazu, dass wir entweder fortan als verängstigte Wesen leben, die nicht mehr unter Menschen gehen, oder zu Bestien werden, die nur noch in einer verrohten Welt ein Milieu finden, in dem sie erblühen und ihre eigene Barbarei ausleben können. Im mindesten Fall werden wir zynisch, glauben an nichts mehr und zweifeln an allem.

In Bezug auf Syrien und darüber hinaus könnte man an Gemeinschaften denken, die sich wegen eines Übermaßes an Gewalterfahrungen nicht darstellen und infolgedessen ihre innere Welt nicht erweitern können. Sie bleiben in einer Direktheit und einer Reaktion gefangen, wo Kunst, Kultur und Kreativität sich auf einen engen Rahmen beschränken und ihre Fähigkeit, Pluralität herzustellen, abnimmt, weil die eigene Welt und das eigene Innere nicht erweitert werden. Dafür müssen nicht einmal alle Mitglieder einer Gemeinschaft schlimmste Gewalt erlebt haben, denn wenn die Gesamtgruppe über eine lange Zeit Gewalt ausgesetzt war, setzt sie damit einen gesellschaftlichen Rahmen von Erfahrungen und Denken auch für alle übrigen. Die Gewalt wird gewissermaßen an sie vererbt, sodass sie sich ebenfalls zurückzuziehen und in engen Welten ohne Tiefe leben.

13.

Von daher können wir in einer Brutalität, wie sie heute in Syrien herrscht, auch das Ergebnis einer Darstellungskrise sehen, die bewirkt, dass die meisten Lebensbereiche der Syrer nach wie vor von Wunden und Trauma geprägt sind. Wenn eine Darstellung nicht funktioniert, werden die Betroffenen passiv auf die sie verwundenden Ereignisse zurückgeworfen, und die fehlende Distanz zwischen Leid und Sinn führt dazu, dass unser Leiden gleichbedeutend mit dem Sinn wird und keine Distanz zwischen uns und der Direktheit der bestialischen Welt entstehen kann.

In Syrien ist jede »kulturelle« Darstellung durch Bilder, Stimmen, Zeichnungen und Begriffe in Bezug auf Umfang und Wirksamkeit stark eingeschränkt – die Gesellschaft als ein System zur Abfederung verletzender Erfahrungen war einem solchen Ausmaß an Traumata ausgesetzt, dass sie diese nicht mehr ableiten konnte und in mehrfacher Weise zusammengebrochen ist. Zu den Gründen gehören der absolute sowie relative verletzende Charakter der Erfahrungen. Viele der Erfahrungen sind tödlich oder psychisch so verheerend, dass ein innerer Dialog nicht mehr möglich ist. Sie sind so enorm, dass sie alle denkbaren Arten und Mittel zur Darstellung unzugänglich machen. Hinzu kommt, dass die meisten traumatisierenden Erfahrungen mit dem »Staat« gemacht wurden, was ihre Darstellung und ihre Weiterverbreitung zu einem Akt werden lässt, der für die Darstellenden (politisch) gefährlich sein kann. Daher neigen viele Menschen dazu, auf jeden Ausdruck zu verzichten und ihr Denken zu verengen – wodurch Darstellung zunehmend eingeschränkt stattfindet.

Ein weiterer Grund ist, dass ein nicht geringer Teil der verletzenden Erfahrungen einen religiösen Bezug hat. Die Religion hat sich von einem heilenden zu einem weiteren öffentlichen Instrument von Leid gewandelt, woraus sich ein doppelter Schock ergibt: das eigentliche Leid und das Verwehren von Ausdruck in einer Sprache, die als religiöse das Leid vermeintlich vorschreibt und verlangt. Wer als Ausdrucksmittel nur über Sprache verfügt, diese ihm aber versagt bleibt, dessen Erfahrungen bleiben undargestellt, und der Betroffene muss im Zustand des Schmerzes verbleiben.

Ein solcher Zustand ist extrem eigentümlich, denn so leidträchtig er ist, so fruchtbar ist er zugleich. Denn so wie

Krisen zur Darstellung animieren, so können Revolutionen und Kriege in ihrer Eigenschaft als Großkrisen Umwälzungen in der Darstellung, in Kultur und Gesellschaft auslösen, um die Verletzungen zu überwinden. Gerade weil man Traumata nicht hat verarbeiten können, werden ein langer Niedergang und eine Auflösung eingeleitet, die dazu führen können, dass man sich in neue Gemeinschaften eingliedert.

Insofern ist die Darstellung als ein Bereich zu verstehen, in dem Widerstand ebenso stattfindet, wie sich der Horizont für uns als Einzelne und als Gruppen erweitert, als ein Bereich, in dem sich der öffentliche Bereich verändert und man dazu beiträgt, die Welt zu verändern.

14.

Auf der Ebene ganzer Gesellschaften können wir zwischen zwei Extremzuständen unterscheiden: einer umfassenden Darstellung von allem, das heißt die Schaffung von Welten, die all unsere Erfahrungen imitieren und darüber hinausgehen, und einer Nicht-Darstellung, einer nackten, bis ins Äußerste schmerzlichen Existenz. In dem einen Fall haben wir zahllose Welten, in denen wir uns frei bewegen können, im anderen eine einzige, enge Welt, die uns in ihrer Schwere erdrückt und den Atem nimmt. Beide dieser Extremfälle sind nicht »realistisch«, aber sie kennzeichnen die Grenzen, innerhalb derer sich Gesellschaften bewegen und historisch bewegt haben: Ist in manchen Gesellschaften Darstellung kaum ausgeprägt ist, wodurch sich die Menschen viele ihrer Erfahrungen nicht aneignen können und diese sie schmerzen, ist es den Menschen in anderen vergönnt, viele eigenen Erfahrungen darzustellen, wodurch sie einen Eindruck von Vielfalt, Offenheit und »Zivilisiertheit«, von geistigem und kulturellem Reichtum zu vermitteln imstande sind.

Bei Gesellschaften, die näher am Pol der Nicht-Darstellung liegen, können wir zwischen dem unterscheiden, was nie dargestellt wurde, und dem, was nicht dargestellt werden kann. Von beidem gibt es in Syrien viel: Dinge, die unterdrückt wurden, und Dinge, die wir nie diskutieren konnten. Insgesamt ist Syrien ein Land, das geistig und kulturell nur eingeschränkt darzustellen in der Lage ist und in dem nur ein kleiner Ausschnitt von Erfahrungen dargestellt wurde. Und so wie die Revolution ein Versuch war, eine politische Repräsentation davon zu erreichen (dazu gleich mehr), scheiterte sie in vieler Hinsicht auch daran, dass dermaßen viele Erfahrungen heute lebender Syrer über so lange Zeit undargestellt geblieben sind und deshalb in der Welt kaum wurzeln konnten. Wenn Syrien bis zum Ausbruch der Revolution ein weitgehend unbekanntes Land war, dann deswegen, weil es nicht ausreichend dargestellt wurde, weil seine Menschen sich nicht ausgedrückt und sich keine Entsprechungswelten geschaffen haben, die Syrien Vielfalt und Tiefe gegeben hätten.

Damit ist noch nichts über das gesagt, was nicht darstellbar ist, weil es zu drastisch ist, und das gilt für das meiste, was wir seit der Revolution erlebt haben – es überschreitet die relativen und absoluten Grenzen der Darstellbarkeit. Und auch noch nichts über die politischen Umstände, die es verhindern, dass zusätzliche Welten dargestellt werden: Folter, Vergewaltigung, Mord, Entführung, Verschleppung, Enthauptung und vieles andere fällt in den Bereich des Undarstellbaren. Man vergräbt es in sich selbst, man kann es nicht hervorholen, um darüber zu sprechen, die Betroffenen ziehen sich in ihrer Betrübnis vor anderen zurück, weil auch jeder Kontakt mit anderen schmerzt.

15.

Das Schwanken zwischen Nachdenken und Barbarei, zwischen Kultur und Nihilismus, zwischen Darstellung und Vernichtung besteht in der Gesellschaft und im Individuum gleichermaßen. Es ist nicht so, dass es unter uns Menschen entweder Barbaren oder Denker gibt, vielmehr bewegen wir uns zwischen zwei Polen, und wir neigen – in Abhängigkeit von allgemeinen Umständen, die eine Darstellung entweder begünstigen oder nicht – entweder dem einen oder dem anderen zu. Ist der eine Pol der einer allgemeinen Verwilderung, der einen Ausstieg aus der Kultur als Grundlage für Darstellung und Selbstdialog auf breiter Basis begünstigt (und zugleich aus der Politik als einer Bühne für Repräsentation und Dialog für das »soziale Subjekt«), was ist dann der Gegenpol? Einfach gesagt eine soziale und komplex plurale und pluralistische Menschlichkeit, in der alle Menschen ihre Erfahrungen darstellen, in der sie nachdenken und so ihren inneren Horizont erweitern und daran wachsen und somit menschlich werden. Der Mensch ist ein soziales Wesen, nicht nur, indem er sich in der Gesellschaft anderer wohlfühlt und sich zu ihnen gesellt, sondern auch durch seine innere Pluralität, indem er also selbst eine ganze Gesellschaft abbildet. Eine Gesellschaft kann nur entstehen, wenn jeder auch selbst eine Gesellschaft ist, und dies ist nur möglich, wenn der Einzelne weitere Welten hervorbringt – und zwar vermittels der Darstellung. (Ich spreche von »Menschlichkeit«, denn wenn sich die Ausbildung von Menschlichkeit in unterschiedlichen Gesellschaften und in diesen in unterschiedlichen Kreisen in unterschiedlichem Maß manifestiert, dann ist sie heute bedroht, wenn man nicht weltweit Krisen und Schreckenserfahrungen unter Kontrolle bringt. Aus jüngst gewonnen Erfahrungen wissen wir insbesondere in Syrien, dass solche Krisen in ihrem Entstehungsrahmen global sind und dass Gesellschaften, die Bestialisches erleben, anfällig für Barbarei sind und bestrebt sind, Schmerz und Rohheit weiterzugeben, was wiederum unsere Möglichkeiten zur Menschlichwerdung und zur Darstellung untergräbt.)

Kurz gesagt, werden wir vermittels Darstellung und Sinngebung menschlich, unser Selbstwertgefühl und unser geistiges Niveau wachsen, auch unser moralisches und damit unser »spirituelles« – der Extremfall wäre ein Mensch, der sich in »Seele« verwandelt, sein Wesen klar und sinnerfüllt. Er wäre so etwas wie der »perfekte Mensch«, über den muslimische Sufisten geschrieben haben. Der gegenteilige Extremfall wäre das, was Ibn ʿArabī den »tierischen Menschen« genannt hat, bei dem das Niveau von Darstellung und Sinngebung auf null abgesunken ist. Der Mensch ist hierbei nichts als Körpermaterial und auf unpersönliche Bewegungen und Handlungen programmiert, die sich ständig wiederholen. Hier gefriert jede Bedeutung beziehungsweise sie gerinnt zu Muskeln und Grobheit. Das Idealbild davon ist der *homo islamicus*, den die Islamisten in Massenproduktion hervorzubringen streben: ein Roboter, der nicht denkt und dessen Betriebssystem Scharia heißt.

Wir könnten noch einen dritten Extremfall anführen: den vor sich hin vegetierenden Menschen, etwa einen, der in einem Assad-Gefängnis dahinsiecht, oder einen »Muselmann« in Auschwitz und anderen nationalsozialistischen Konzentrationslagern: Menschen, denen nichts Menschliches mehr eigen ist, die nicht mehr interagieren und nichts mehr erinnern und deren Tod, so Primo Levi, als Tod zu bezeichnen man zögert.

16.

Es ist hier nicht der Raum, eingehend von politischer Repräsentation zu sprechen, aber einiges Weniges sei kurz gesagt: Politische Vertretung bietet Bewohnern eines Landes Raum für Austausch und Diskussion, für einen Dialog der Gesellschaft mit sich selbst, sodass gemeinschaftliche Probleme in vernünftige politische Maßnahmen umgesetzt und gesellschaftliche Leiden in öffentliche Worte und Taten gewandelt werden können, die diese Leiden abmildern und abfangen. So gesehen könnte Politik definiert werden als eine durch einen Vertretungsrahmen abgesicherte Begegnung einer Gesellschaft mit sich selbst. Fehlt eine solche Vertretung, ist dies der Gesellschaft und der Gesellschaftlichkeit abträglich, so wie ein Verschwinden des Denkens der Menschlichkeit des Einzelnen abträglich ist.

Der politische Vertretungsrahmen beschränkt sich nicht auf Parlamente und andere gewählte Versammlungen, denn solche traditionellen, überlieferten und quasi *Sunna*-basierten Formen bilden nur die formale Koordinatenachse ab. Der Staat selbst ist eine konventionelle Form der Gesellschaftsordnung. Es gibt daneben expressive Formen von Gesellschaftlichkeit und Vertretung, die Neues hervorbringen können, wie etwa Protestaktionen, avantgardistische soziale Erfahrungen und Revolutionen, die man sich – insbesondere die syrische Revolution – auch als Selbstrepräsentation vorstellen könnte, als einen Versuch auf breiter Basis, sich Politik anzueignen, als öffentlichen Diskurs über gesellschaftliches Leid, als Versammlung und Zusammenschluss mit anderen, als aktive Aneignung öffentlicher Räume, die für das ganze Land stehen, qua Protest. Diese aktive, kreative Repräsentation hat der Assad-Staat von Beginn an zu zerstören getrachtet.

Wenn Kultur ein potenzielles Heilmittel für Krankheiten der Gesellschaft ist, dann ist Politik als eine Begegnung der Gesellschaft mit sich selbst der Raum, in dem diese (konservativ durch den Staat oder progressiv durch Protest,

Avantgarde und Revolution) behandelt werden kann. Und so wie kulturelle Darstellung unsere Erfahrungen in Bildern reproduziert, die uns dabei helfen, diese einzuordnen, sie aufzuräumen und hinter uns zu lassen, ist die politische Repräsentation eine Reproduktion der Gesellschaft selbst. Diese vollzieht sich durch imitierenden und zuspitzenden Ausdruck, das heißt durch direkte Aktion, Avantgarde und Revolution, mithin also durch alles, was es der Gesellschaft erlaubt, zu wachsen, mit sich selbst ins Gespräch zu kommen und den Raum der Gesellschaftlichkeit zu erweitern. Geschieht dies nicht, verharrt eine Gesellschaft in Direktheit und Selbstbezogenheit oder zerfällt in verschiedene selbstbezogene Gemeinschaften. Gleich Gehäuteten werden wir dann durch die Existenz in der Welt gequält. Die politische Vertretung sollte uns eine Haut sein, die uns schützt. Aber als politische Gehäutete weichen wir uns selbst und anderen aus, weil wir den Schmerz fürchten.

17.

Bei uns überlagern sich Probleme der Kultur als einer Welt der Erfahrungsdarstellung, der Politik als einer Welt der Gesellschaftsvertretung und der Wirtschaft als einer Welt von Einkommen und Einfluss. In Syrien hat der Wert von Arbeit seit den Siebzigerjahren des letzten Jahrhunderts zugunsten von Macht, Verwandtschaft und Geld abgenommen. Arbeit gilt nichts mehr, Macht ist alles, und Macht zu haben bedeutet, andere verletzen und misshandeln zu können.

So wie die syrische Revolution ein Versuch war, politische Vertretung zu erreichen und sich Politik anzueignen, war sie auch ein Schritt dahin, Arbeit wieder darzustellen. Sie war die Revolution einer Gesellschaft der Arbeit, deren Ressourcen und deren Lebensmöglichkeiten in den Jahren der Baath-Herrschaft einen Niedergang erfuhren.

Diese Jahre waren zugleich die Jahre des Aufstiegs einer plündernden Klasse, die ebenso brutal wie »lumpenhaft« vorging und die den privatisierten Staat dazu nutzte, Vermögen anzuhäufen und der Arbeit und der Schicht der Arbeitenden ihren Wert zu nehmen.

Kein Nachdenken und keine allgemeine Theorie über Repräsentation kommen ohne einen Blick auf die Repräsentation der Welt der Arbeit aus. Marx betrachtete die Arbeit im Kapitalismus und sah darin eine Ausbeutung, bei der der »Mehrwert« der Arbeit von den Kapitalisten abgeschöpft wird, während den Arbeitern nur ein Lohn gezahlt wird, durch den sie ihre Arbeitskraft reproduzieren können. Nach Marx entwickelte der Sozialismus die Losung »Jeder nach seinen Fähigkeiten, jedem nach seiner Leistung« als Grundsatz zur Darstellung von Arbeit in der sozialistischen Phase, an deren Stelle im Kommunismus der Grundsatz »Jeder nach seinen Fähigkeiten, jedem nach seinen Bedürfnissen« folgen sollte. Der marxistische Ansatz ist etwas eng; er führt den Wert der Arbeit auf ein tägliches Schuften zurück, mit dem man allenfalls die Grundbedürfnisse des biologischen Weiterlebens erwirtschaften kann. Er wertet dabei produktive Arbeit ab, mit der langlebige Dinge hergestellt werden, darunter die Technologie selbst, wie Hanna Arendt kritisiert, und ignoriert andere Formen von Arbeit, darunter die, auf der Politik beruht. Der Marxismus betrachtet Politik – im Vergleich zur Arbeit zum materiellen Überleben – als etwas Unwichtigeres, er sieht sie nur als Überbau, der parasitär von der Arbeit lebt.

Aber weder als Arbeit zum materiellen Überleben, als Herstellen noch als Handeln ist Arbeit im Syrien Assads vertreten. Die syrische Revolution war daher auch ein Aufbegehren derer, deren Arbeit nicht repräsentiert war.

18.

Darstellung in all ihren Formen macht unsere Welt größer und vielfältiger und bereichert damit unser Leben in ihr. Darstellung macht auch uns selbst größer und vielgestaltiger, sie regt uns an und macht uns sozialer. Der Mensch ist ein darstellendes Wesen, er rekonstruiert seine Welt in der Darstellung, anstatt sie nur hinzunehmen, wie sie ist. Was unsere modernen Gesellschaften an Beengung hervorrufen, ist, wie ich glaube, darin begründet, dass wir unsere Welt begrifflich und künstlerisch nicht vielfältig genug machen und dass Politik nicht plural genug ist, weil wir politisch nicht ausreichend repräsentiert sind. Eine Gesellschaft wird dann groß, wenn sie sich politisch ausdrückt und Bewegungen, Organisationen und andere Ordnungsformen hervorbringt. Das ist bei uns heute nicht der Fall. Was die Beengung noch verstärkt, ist, dass wir uns fast nur biologisch vermehren: Unsere Zahl steigt in einer Welt, die nicht größer wird, weil sie nicht dargestellt wird. Deshalb engt sie uns zunehmend ein.

Diese politischen und wirtschaftlichen Erwägungen helfen uns zusätzlich zu den kulturellen, den Zustand der Barbarei zu verstehen, in dem wir leben, und können uns in der Darstellung zu einer Revolution ermuntern, die nicht nur zu einer radikalen Veränderung in der Kultur führen würde. Wir sollten uns jeder Bevormundung entziehen, wenn wir unseren Konflikt darstellen, und kulturelle, politische und wirtschaftliche Parallelwelten erschaffen, die unser Leben bereichern und uns äußerlich und innerlich mehr Raum bieten. Darstellung in all ihren Spielarten ist eine Bejahung des Lebens und eine Absage an den Tod. Nur so kann sich ein Weltgewissen entwickeln.

Ausdruck
Worte, Gewalt und Tränen

Was geschieht, wenn Worte scheitern? Dass sie oft versagen, ist eine Tatsache, die auch nicht davon überdeckt werden kann, dass wir nie aufhören, zu sprechen – denn wir sprechen, solange wir leben, und wenn wir uns dem Schweigen ergeben, so ist dies nicht selten der letzte Hauch des Lebens. Das Scheitern kann teilweise Antrieb sein, weiterzusprechen, sind wir doch bestrebt, zu sagen, was wir sagen möchten. Aber eben nur teilweise, denn Erfolg ist nicht gewährleistet, und menschliche Erfahrungen, einschließlich sehr bitterer, sind nicht in besonderer Weise geeignet, in Worten dargestellt zu werden, und Worte sind ihrerseits nicht in idealer Weise dienlich, alle Situationen und Erfahrungen des menschlichen Wesens wiederzugeben. Falsches Denken beruht oft auf einem falschen Sprechen, weil es entweder inhaltsarm ist oder die Erfahrung nicht fassen kann. Wer sich anschickt, etwas auszudrücken, dessen Sprachschatz passt möglicherweise nicht zu dem, was er erlebt hat. Mit Sprachschatz meine ich hier nicht den Wortschatzumfang, sondern Methoden, eine Erfahrung sprachlich durch Worte, Redewendungen, Sprichwörter, Erklärungen und Geschichten darzustellen, die jeweils so verschieden sind wie ihr Zusammenhang und die bei Bedarf angeführt werden können.

Was also tun wir, wenn Worte versagen? Wir wenden Gewalt an, wir weinen bitterlich, oder wir sterben früher oder später an Verzweiflung. Dies zumindest nimmt dieser Essay an und wirft einen Blick darauf.

Was heißt es überhaupt, dass Worte versagen? Wobei versagen sie? Dabei, etwas auszudrücken, das zu transportieren, was wir fühlen, und es so zu kleiden, dass wir es mit anderen teilen können. Reden heißt, unsere eigenen Erfahrungen in etwas zu verwandeln, was wir mit anderen Gemeinsam haben, die Erfahrungen aus uns selbst heraus in einen Raum mit anderen zu bringen, sodass eine gemeinschaftliche Verbindung entsteht. Aus dieser Verbindung gewinnen wir unter Umständen Bilder der Unterstützung und des Trosts, wenn es um besonders belastende Erfahrungen geht. Denn in dem Maß, in dem wir über das Sprechen Worte tauschen und uns gegenseitig zuhören, nehmen wir zur Kenntnis, was die Sprechenden sagen, die wiederum dasselbe tun, sodass wir uns gemeinsam verändern, anstatt zu bleiben, wie wir waren. Wir werden pluraler, weil wir das, was wir hören, mitnehmen und uns durch den Kopf gehen lassen und mit uns selbst erörtern. Wir nehmen unsere Gesprächspartner beim Sprechen gleichsam mit. Sie werden ein Teil von uns und wir ein Teil von ihnen, und selbst wenn wir nur nachdenken, führen wir einen Dialog mit ihnen. Das ist eine geistige Funktion des inneren Dialogs, so wie das Nachdenken ein »stummes Zwiegespräch« ist, wie Hannah Arendt es in Anlehnung an Platon bezeichnet.[99] Sprechen begründet so gesehen eine Beziehung zwischen uns und anderen, aber auch zwischen uns und uns selbst. Es stellt eine Kontinuität zwischen Denken und Zusammenkunft her, da das Denken eine Zusammenkunft und Unterredung mit uns selbst ist und die Begegnung mit anderen ein Nachdenken und eine Unterredung mit ihnen darstellt. So wird auch eine Kontinuität zwischen der geistigen Funktion des Sprechens und seiner Überzeugungsaufgabe hergestellt, denn andere überzeugen, kann man nur mit Worten, die man sich selbst zurechtgelegt hat, und was wir uns zurechtlegen, bauen wir auf Interaktionen mit anderen auf.

GEWALT UND WEINEN

Beim Sprechen befinden wir uns in einer Dialogsituation, in der es auch emotional zugehen kann, aber das Gespräch dauert nur an, solange das Impulsive unter Kontrolle bleibt. Gelingt dies nicht, gleitet das Gespräch entweder in Gewalt oder in Weinen ab. Es löst sich auf oder bricht ganz ab.

In der Gewalt finden wir uns in einer Situation der Verkrampfung wieder, wir verbannen das Plurale aus uns und führen kein nachdenkendes inneres Gespräch. Denken und Gewalt gehen nicht zusammen. Der Folterer hält nicht inne, wenn er sein Opfer quält. In ihrem Kern ist Folter das Gegenteil von Denken und Diskussion. Es handelt sich bei ihr auch nicht um eine Strafe für eine missratene Diskussion, denn wer foltert, tut dies, weil er die Macht dazu hat und keine Konsequenzen zu fürchten hat; der Folterer denkt sich nicht als Teil einer Gemeinschaft mit jenen, die er foltert, sieht in diesen nicht einmal Personen, mit denen er Ansichten, ein Lächeln, Dienstleistungen oder Dinge, aber vor allem Worte austauschen könnte; er muss niemanden von etwas überzeugen. Im Gegenteil: Das Beispiel Syrien zeigt, dass es Folter deswegen gibt, eben weil es *keine* Diskussion und *keine* Überzeugungsversuche gibt.

Die Entwicklung Syriens hin zu einem Folterstaat ging Hand in Hand mit einem Verbot öffentlicher Diskussion und all den mit ihr verbundenen Ideen-, Gefühls- und Absichtsbekundungen sowie mit einem abnehmenden Maß an Überzeugungskraft und Überzeugung in der Politik einher.

Es scheint sich dabei um so etwas wie eine Allgemeinregel zu handeln, denn da, wo es eine öffentliche Diskussion gibt, entwickeln mehr Menschen ein eigenes Denken, entwickelt sich eine aktive Gesellschaft, nimmt die Überzeugungskraft von Politik zu und wird weniger gefoltert. Folter erblüht in Gesellschaften, in denen wenig diskutiert und wenig frei gesprochen wird.

Aber unabhängig von der Folter gilt: Wer in einem Zustand des Kampfes ist, der hält im Kämpfen nicht inne, um nachzudenken, gibt sich stattdessen einer Wallung von Wut und Zerstörung hin, der Dinge und Menschen zum Opfer fallen können. Im Kampf werden scheinbar alle Fugen im Kämpfenden geschlossen, er erstarrt als Körper und als Seele, und sein inneres Zwiegespräch endet – das Ende des Gesprächs mit sich und anderen im Krieg beflügelt das Für-sich-Stehen des Kämpfers und damit das Einstellen seines Denkens. Genau dies aber öffnet dem Bösen die Tür, so Hannah Arendt, die das Böse auf ein Ausbleiben des Denkens zurückführte sowie auf ein Absterben des Gewissens, das durch Denken erst hervorgebracht werde: Durch die Generalisierung des Kriegszustandes und die Mobilmachung vermittels eines lange andauernden Ausnahmezustandes hört das Nachdenken auf, entwickelt sich das Gewissen zurück und steht dem Bösen Tür und Tor offen.

Beim Weinen hingegen befinden wir uns in einem quasi flüssigen Zustand, verlieren wir jede Festigkeit, unter Umständen sogar jede Kontrolle über uns, als ob jemand anders uns steuerte, als wären wir nicht wir – es scheint, als seien Worte Instrumente zur Selbstkontrolle, während sich in Weinen und Gewalt Kontrollverlust offenbart. Dies würde es rechtfertigen, mehr in Worte als Mittel des »Verstandes« zu investieren. Der Verstand sollte die Stelle sein, von der aus wir unsere Handlungen und uns selbst steuern –, und flößen von da aus, von wo wir aufs Außen blicken, das heißt aus unseren Augen, aus uns selbst heraus.

Wenn wir in Schweigen verfallen und einsam sterben, dann vielleicht deshalb, weil wir innerlich verdorren und nicht mehr nach außen fließen können, weil also auch die Tränen versagen, nicht nur die Worte. Vielleicht auch, weil wir es nicht schaffen, die Gewalt nach außen zu richten, oder wir keinen Kanal für ihren wirksamen Einsatz finden. Dieses Schicksal scheint verbreiteter zu sein, als man denkt, zumal in den beschädigten, verschlossenen und erzwungen wortkargen Welten, in denen wir leben.

Und obgleich wir in Einsamkeit weinen oder dabei zumindest nicht gesehen werden wollen, ist das Weinen von seinem Impetus her insofern ein gesellschaftlicher Akt, als er aus bedrückenden sozialen Interaktionen herrührt und nicht aus einer individuellen psychischen Befindlichkeit. Beim Weinen drücken wir Bedrückung, Trauer oder Schmerz aus. Das arabische Wort *abra / abarāt* für Tränen deutet auf den vorübergehenden *(ābir)* Charakter der Tränen hin, aber auch auf ihre sozial expressive *(muʿabbir)* Rolle, wenngleich es sich hier um eine andere Art des Ausdrucks handelt. Tränen lindern Gefühlsstau, waschen Sorgen ab und bringen unser Verhältnis zu uns selbst ins Lot. Weinen scheint eine Art von Nachdenken zu sein, denn auch beim Nachdenken sprechen wir mit uns selbst und verständigen uns unter Umständen mit uns selbst.

In unseren Gesellschaften weinen Frauen wohl deshalb häufiger als Männer, weil ihnen das Sprechen stärker versagt ist als den Männern, sei es in der Familie oder in der Öffentlichkeit. Zudem wurden körperliche Gewalt, darauf basierende Kriegskünste und Sport von Männern entwickelt und sind weniger die Domäne der Frauen. Zweifellos weinen Frauen in Gesellschaften, in denen sie mehr sprechen, weniger. Und es scheint, dass wir Männer, die wir darauf trainiert wurden, unsere Emotionen und insbesondere das Weinen zu zügeln, heute auch mehr weinen. Meiner Ansicht nach muss dies in Zusammenhang damit gesehen werden, dass uns die Worte dabei versagen, unsere Erfahrungen zu vermitteln, und weil sich Bilder von Männlichkeit entwickeln, die weniger von Muskelkraft und weiblicher geprägt sind.

… UND DIE GESELLSCHAFT

Wenn Worte also scheitern, kommen wir entweder zu Gewalt oder zu Tränen. Die Bedingung, die das eine nach sich zieht, kann auch zum anderen führen. In der Gewalt geht die gesellschaftliche Bindung verloren, und beim Weinen zieht man sich aus ihr heraus und auf sich selbst zurück. Das aber nimmt weder der Gewalt noch dem Weinen die gesellschaftliche Komponente. Wir mögen von einer traurigen Gesellschaft oder politischen Entität sprechen, wenn man in ihr viel weint und das Weinen eine soziale Voraussetzung im weitesten, also auch politischen Sinn ist. Gleichermaßen können wir von einer gewaltvollen Entität sprechen, wenn in ihr Gewalt einschließlich Folter eine soziopolitische Bedingung ist.

Das Versagen von Worten hat augenscheinlich fatale Konsequenzen. In Gesellschaften, in denen weniger gesprochen wird, kann sich mehr Gewalt entladen, und sie sind trauriger und weinen mehr als andere. In unserer Zeit ist es gewöhnlich so, dass eine Gesellschaft, die weniger spricht, die andere Seite eines Staates ist, der allein spricht oder der »legitimes« Sprechen zusätzlich zur Anwendung von Gewalt für sich monopolisiert. Wenn ein Staat das Sprechen *und* die Gewalt für sich allein in Anspruch nimmt, dann ist seinem Gewaltmonopol die Legitimität entzogen, weil dem Sprechen der Überzeugungscharakter fehlt, aus dem allein Legitimität entstehen kann.

In jedem Fall sind Weinen und Gewalt, ebenso wie das Sprechen, soziale und politische Handlungen und können nur als solche verstanden werden.

Man muss sich aber den sozialen Charakter des Weinens, der Gewalt und von Worten nicht als Gegenstück zum Körperlichen vorstellen, so wie Kultur als Gegenpol zu Natur gesehen wird, denn das Soziale am Sprechen, Weinen und an der Anwendung von Gewalt baut auf dem Menschlich-Körperlichen auf. Wir leben in der Gesellschaft mit Körpern, die denken, weinen, schlagen und fliehen können, und in solchen Körpern leben wir selbst. Mögen wir allein durch die Existenz in der Gesellschaft wir selbst sein, mag der Einzelne aus einer oder mehreren Gesellschaften bestehen, Individuen aber werden wir ohne Körpergefühl und -erfahrung nicht. Das Sprechen unterscheidet uns evolutionär von anderen Lebewesen. Wir haben ein abstraktes Zeichensystem, das andere Tiere nicht besitzen, nämlich die Sprache, und unser »Verstand« ist das Ergebnis dieses Zeichensystems. Es scheint auch, dass nur wir Emotionen durch Tränen ausdrücken können, was andererseits dazu verleitet, Tränen und Gedanken gemeinsam zu denken, indem wir uns vorstellen, dass Tränen eine Art Vision sind. Muskeln hingegen, die wir bei Gewalt und bei Flucht vor Gewalt einsetzen, teilen wir mit vielen anderen Lebewesen. Entsprechend könnten wir sagen: Wenn wir das verlieren, was uns von Tieren unterscheidet, also Sprache und Tränen, dann haben wir mit ihnen nur noch die Muskeln gemein.

~

WIE VERSAGEN WORTE?

Wir nehmen gemeinhin an, dass unsere Worte – auch wenn sie nicht in idealer Weise dazu gemacht sind, die Welt um uns herum auszudrücken – und unsere Erfahrungen – auch wenn diese nicht dazu geschaffen sind, restlos in Worten aufzugehen – in ihrer gemeinsamen Ausformung als zwei Seiten unserer Existenz auf Erden eine Welt begründen, in der es keine Erfahrungen ohne Worte gibt, die sie festhalten und es vermittels des Gedächtnisses ermöglichen, mit kommenden Erfahrungen umzugehen. Zugleich nehmen wir an, dass es keine Worte gibt, die nicht aus dem Schnittpunkt mit Erfahrungen entstanden sind und diese in einer handhabbaren Weise ausdrücken können, sodass sie von uns zu anderen gelangen können.

Und dennoch: Die Entsprechung zwischen Wort und Erfahrung zerbricht dann, wenn wir daran gehindert werden, zu sprechen, oder wenn die Erfahrungen so furchtbar und beispiellos sind, dass sie unseren Sprachschatz übersteigen und nicht angemessen wiedergegeben werden können, sprich: wenn Unaussprechliches geschieht. Ereignisse können so bedrückend sein, dass sie die Worte gleich mit erdrücken. Genau das haben wir in Syrien in den Jahren der Revolution erlebt. Wir hatten das Gefühl, dass unsere Worte das Geschehene nicht fassen können, weswegen wir fortan entweder schwiegen, denn »Reden bringt nichts«, oder unentwegt darüber sprachen, dass den Worten die Kraft ausgehe, Bedeutung zu entwickeln oder dem Geschehenen einen Sinn zu geben. Zudem geht die Entsprechung zwischen Worten und Erfahrungen dann verloren, wenn unsere Seele durch immer wieder neu geschlagene Wunden vernarbt. Dann igeln wir uns ein und verlieren die Fähigkeit, uns neue Worte anzueignen und neuen Erfahrungen aktiv zu begegnen. Wie körperliche Narben, die eine Wunde verschließen, schützen seelische Narben vor einer neuen Verletzung. Zugleich aber verringern sie die Empfindlichkeit und Empfänglichkeit für das, was um uns herum geschieht. Es ist, als ob der Raum unserer Interaktion mit der Welt, dort also, wo sich Erfahrungen und Worte treffen, schrumpft, denn von ebendort haben wir zuvor Schmerz erfahren. Wir ziehen uns gleichsam aus der Welt zurück, weil sie verletzt und wehtut.

Wenn eine Wunde »ein Fenster ist, durch das Licht in unsere Seelen scheint«, wie es der persische Mystiker Rumi einst so geistreich formulierte, dann verhindert eine vernarbte Wunde ein solches Durchscheinen. Die Wunde können wir uns als einen Verlust und ein Leid vorstellen und das Licht als eine Idee, die wir der Wunde beziehungsweise der Erfahrung abgewinnen können, als den Sinn, den wir aus dem Leid machen.[100]

Eine vernarbte Seele ist eine verletzte Seele, die an Kummer sterben kann, wenn ihre Verletzungen nicht behandelt werden. Das ist, so glaube ich, weit verbreitet, wenn es nicht sogar die Regel ist. Als umso treffender erweist sich daher der Ausspruch des Dichters al-Mutanabbi: »Sterben ist eine Art des Tötens.« Kaum jemand von uns stirbt in Frieden, sondern wir sterben in Schmerz und Verwundung.

Dazu kommt, dass unsere immer wiederkehrenden seelischen Verwundungen und Vernarbungen unsere Seelen in Panzer verwandeln, mit beklemmenden Folgen. Eine vernarbte, verpanzerte Seele kann zu einem Minenfeld werden. Auf der psychischen Landkarte liegen gewissermaßen nebeneinander eine verwundete Seele, die nicht mehr sprechen, nicht mehr weinen und keine Gewalt anwenden kann, und eine verminte Seele, die explodieren kann, wenn sie daran gehindert wird, zu sprechen oder gezielte Gewalt einzusetzen. Und jederzeit kann sich die eine in die andere verwandeln.

Sollten diese Einschätzungen stimmen, dann ist es vordringlich, dass Einzelne, Gemeinschaften und Gesellschaften mehr acht auf Worte geben und ins Sprechen investieren. Denn Gesellschaften sind deswegen gewalttätig und traurig, weil es ihnen am Sprechen fehlt, sei es, dass man sie daran hindert oder dass sie durch unaussprechliche Umstände und schreckensvolle Erfahrungen erstarrt sind. Weil aber Worte unser Ausdrucks- und Verständigungsinstrument sind, auch im Politischen, kann nur in einer Pflege und Fortentwicklung der Sprache ein gangbarer Weg liegen, Gewalt und Traurigkeit zu vermeiden.[101]

WORTHÜLSEN

Ein Ausdruck kann versagen, wenn er einem verboten wird, aber er kann auch dann danebengehen, wenn für ein Ereignis Worthülsen benutzt werden, die so stumpf sind, dass sie kein Echo finden und keine Kreativität bewirken.[102] Bei Verlusterfahrungen etwa, auch den schlimmsten, bemühen wir Redewendungen wie: »Es gibt keine Kraft und Macht außer durch Gott«, »Gott allein verhilft uns zum Recht«, »Von Gott kommen wir, und zu ihm kehren wir zurück« und so weiter. Es handelt sich hier um religiöse Verbaldarstellungen, die dem Ereignis nicht gerecht werden und nur eine Wiederholung von Reaktionen auf frühere Ereignisse sind, die ebenfalls nicht dargestellt wurden.[103] Was den verschiedenen Religionen gemein ist, ist, dass sie die expressive Funktionalität von Sprache aushöhlen, denn Ausdruck heißt, dass es eine Beziehung zwischen Erfahrung und Worten gibt. Mit solchen Redewendungen aber sprechen nicht wir als Verletzte und Bestürzte, sondern es spricht das Dogma, die Religion, die Glaubensrichtung oder die Konfession, mithin etwas, was dem Geschehenen vorausgeht. Was unseren Glauben heute in eine Krise stürzt, ist die Wucht und die Unerbittlichkeit dessen, was wir erleben, und das deutliche Gefühl, dass unsere überkommenen Phrasen dem nicht entsprechen können.

Vielleicht sind solche verbalen und geistigen Phrasen, seien sie religiöser Art oder nicht, Ergebnis einer Atemnot und einer vernarbten Kollektivseele, die sich vor dem, was so schrecklich ist, dass es unausdrückbar ist, mit Worthülsen schützt, die es aushaltbar machen, nicht aber vor den Erfahrungen selbst bewahren können. Diese menschliche Konstellation bringt uns als Syrer heute in eine widersprüchliche Lage: Einerseits hindert sie uns daran, das Erfahrene anzugehen und ihm lebendige Bedeutungen abzugewinnen, also unser Denken und unsere Kultur auf tatsächlich Erlebtem aufzubauen und so unsere Chancen zu verbessern, aktiv zu bleiben. Andererseits ist unser Bedürfnis nach Schutz und Abschottung stärker als jenes nach Öffnung, so als hätten wir nur mehr Leid zu befürchten, wenn wir ohne erprobte Schutzmechanismen hinaus in die Welt gehen.

Aber de facto schützen diese Mechanismen nicht, und unsere Schutzlosigkeit sollte uns dazu bringen, Hülsen aufzubrechen und uns neue Ausdruckswege zu suchen.

AUSDRUCK UND GESTALTUNG

Darstellung ist der Bereich, in dem sich Ausdruck (worin sich Erfahrung und Gedanke, Leid und Sinn bzw. speziell in diesem Zusammenhang Tränen und Begriff verbinden) und

Gestaltung (die uns die Überlieferung und alles menschlich Verfügbare an Formen anbietet, um den Ausdruck gesellschaftlich darzubieten) überschneiden. Wir finden uns heute deshalb in einer Darstellungskrise wieder, weil eine Krise des Ausdrucks sich Ereignissen beigesellt, die so schrecklich sind, dass die Seele vernarbt, noch verstärkt durch eine eingeschränkte Ausdrucksfreiheit und eine Gestaltungskrise. Eine Störung des Sprechens durch verarmte oder erstarrte ererbte Verbal- und Denkphrasen gehört von der Art her zur Gestaltungskrise, die besagt, dass die verfügbare Tradition mit erlebten Erfahrungen nicht mithält. Das aktive Sprechverbot wiederum betrifft den Ausdruck grundsätzlich, die Verbindung zwischen Erfahrung und Gedanken, weil die erlebten Erfahrungen weitgehend politisch und der politische Nährboden für schlimmstes öffentliches Leid sind. Und da unsere schlimmsten Erfahrungen ebenfalls politischer Natur sind, stellen sie den Ausdruck noch vor der Gestaltung vor Herausforderungen.

Man könnte nun fragen, ob überkommene Phrasen sich vielleicht aufgrund eines ihnen eigenen Überlebensinstinkts erhalten, obgleich sie unangemessen oder unempirisch sind, oder ob das Zusammentreffen schrecklicher Erfahrungen und eines Ausdrucksverbots die Chancen der Entstehung neuer und passender, aussagekräftigerer Worte so weit schmälert, dass nur das Bekannte, Unpersönliche überdauert. Anders gesagt, bemühen wir die Klischees in unserem Ausdruck vielleicht nicht deshalb, weil sie nichtssagend und unempirisch sind, sondern weil die Erfahrungen überwältigend und unerträglich und daher nicht darstellbar sind und nichts infrage kommt, was sie abbilden könnte. Das Schreckliche, für das sich keine Worte finden und das stärker als diese ist, flüchtet sich in Phrasen und Traditionen.

Man könnte davon ausgehend an Syrien denken. Was wir Syrer seit einem Jahrzehnt an bittersten Erfahrungen durchmachen, stellt die Möglichkeiten unseres sprachlichen Ausdrucks vor so große Herausforderungen, dass wir oft genug kapitulieren, zumal vor dem Hintergrund eines schon länger bestehenden Sprechverbots und eines verarmten Ausdrucksspektrums. Und wenn kein sprachlicher Ausdruck dem Geschehen gerecht zu werden scheint, dann spielt dies den erwähnten steifen Formeln, aber auch Verschwörungstheorien in die Hände. Wollen wir also nicht »platzen« und vergehen, was in einem traurigen und gewaltvollen politischen Gebilde durchaus naheliegt, bedarf es einer »expressiven Revolution«, die es uns erlaubt, das auszudrücken, was bisher sprachlich nicht fassbar ist. Es bedarf der Umgestaltung des gesamten Bereichs der Darstellung, der Schaffung von Bedeutungen, der Weiterentwicklung und Vervielfältigung von Erfahrungen zu Ideen und Darstellungsformen. Und da unter den heute von uns erlebten Bedingungen unerhört Schreckliches und Zerstörendes auf eine unempirische Darstellung trifft – auf Phrasen und Klischees, die ein Problem bei Ausdruck und Gestaltung aufzeigen –, muss eine revolutionierte Darstellung ebendies auch inhaltlich überwinden. Erfahrung und Ausdruck müssen sich einander annähern, unserem Leid müssen das Einzigartige und das Undarstellbare genommen und in der Gestaltung müssen grundlegend neue Formen gefunden werden, einschließlich neuer Arten des Sprechens. Es bedarf in Bezug auf Quantität, Qualität und Intensität revolutionär neuer Bedeutungen, einfach weil die Geschehnisse »revolutionär« leidvoll sind.

Tatsächlich geschieht nichts, das sich allzu leicht darstellen und gestalten lässt. Grundlegend ist jeder Erfahrung eigen, dass sie sich einer Darstellung entzieht und dass zumindest anfangs Worte versagen. Unser Sprachschatz, unser Denken und unsere Kultur ringen mit dem Unausdrückbaren, Ungestaltbaren und Undarstellbaren, und deshalb müssen wir mit Worten so pfleglich umgehen, dass sie etwas bedeuten und nicht versagen. Worte sind da tauglich, wo sie einen Sinn ergeben.

Diese Unmöglichkeit, Erfahrungen darzustellen, bedeutet, dass sie nur darstellbar sind, indem wir sie neu schaffen. Vor unserer Darstellung einer Erfahrung ist diese nebulös, amorph und unausdrückbar. Erfahrungen aber sterben, wenn sie nicht dargestellt werden, indem man gegen die Unmöglichkeit ihrer Darstellung ankämpft. Und wir können sie nur darstellen, indem wir sie schaffen, sodass *sie uns* darstellen.

Darstellung ist in keinem Fall ein Luxus, denn da sie eine Auseinandersetzung mit der Welt und eine Symbolisierung dieser ist, stellt sie ein »Wissen« her, das uns dabei hilft, in der Welt heimisch zu bleiben, und aus den Verwundungen und dem Leid ebenjener Auseinandersetzung eine Sinnquelle macht. Millionen von Menschen mussten in Syrien schlimmstes und meist beispielloses Leid ertragen, und dies alles geschah in einer Zeit, die so kurz war, dass sich niemand darauf einstellen konnte. Wir werden den Kürzeren ziehen und an unserer nackten Existenz leiden, wenn auch diesmal wieder der Reflex von Selbstschutz und Abschottung greift, anstatt dass wir aufbegehren. Was wir heute in erster Linie nötig haben, ist Mut im Ausdruck.[104]

GEBURT UND FREIHEIT DES AUSDRUCKS

Das bisher Gesagte mag eine Grundlage dafür bieten, sich mit dem Thema Ausdrucksfreiheit einmal aus anderer Sicht zu befassen. Beim Stichwort Freiheit des Ausdrucks bleiben wir oft beim Wort Freiheit hängen und sprechen über grundlegende politische, religiöse und gesellschaftliche Freiheitshindernisse, aus deren Grund man seine Ideen, Meinungen und Anschauungen nicht frei äußern kann. Dabei gehen wir davon aus, dass wir solche Ideen und Ansichten tatsächlich hätten, wir sie aber aufgrund der Unterdrückung durch eine äußere Macht nicht zum Ausdruck bringen könnten, und vergessen darüber vollkommen des Versagens von Worten und Ausdruck, das aus dem Schrecken der Erfahrung oder aus der seelischen, durch individuelle oder kollektive Traumata verursachten Vernarbung resultiert, oder des Rückzugs, in den man sich wegen einer solchen Vernarbung begibt. Ein Versagen der Worte ist nicht immer nur Schweigen, es kann auch ein »Schweigen der Bedeutung« sein. Das war mit den erwähnten Worthülsen und Klischees gemeint.

Es geht also allem Anschein nach bei dem Thema Ausdrucksfreiheit in erster Linie um »Geburt und Tod« des Ausdrucks, weniger darum, ob er frei oder unterdrückt und verboten ist. Wenn ein Ausdruck nicht möglich ist, weil die Erfahrung zu grausam war, und wenn Seelen vernarben, weil ein Ausdruck verboten und unterdrückt wird, dann haben wir es mit einer Krise des Ausdrucks zu tun, einer Krise im Sinne einer gesellschaftlichen Sprachlosigkeit, wie wir sie in Syrien, so denke ich, von der Mitte der Achtzigerjahre bis zum Ende des 20. Jahrhunderts erlebt haben. Auch danach bestand diese sprachliche Unfähigkeit zumindest relativ weiter. Zwar traten im Jahrzehnt vor 2011, insbesondere durch die sogenannte Gefängnisliteratur, zunehmend Berichte über den Horror in Syrien zutage, aber in unserer allgemeinen Sprachlosigkeit führte dies nicht dazu, dass wir über unsere Krise des Ausdrucks und der Darstellung nachzudenken begannen. Und selbst heute noch leiden wir meiner Einschätzung nach in unterschiedlichem Maß unter sprachlicher Armut; uns fehlt es an Worten und Ausdrücken, die noch nicht gänzlich abgegriffen sind und die uns in die Lage versetzen könnten, Erfahrungen des Schrecklichen auszudrücken und abzubilden.

Ein Merkmal der Ausdruckskrise ist ein verbreiteter öffentlicher Missbrauch von Worten, so wie ihn das syrische Regime seit jeher unternimmt. Es monopolisiert über kontrollierte Medien die Wahrheit, setzt an die Stelle von Diskussion und Sprechen über reale Erfahrungen Verbalklischees und vorgefertigte Formeln und verbreitet ein Klima des Misstrauens gegen jede unabhängige Äußerung.

Doch nicht nur das. Die Parteigänger des Regimes stoßen zudem Tag für Tag Schmähungen und Beschimpfungen aus und bedienen sich dabei einer patriarchalen, mackerhaften und machttrunkenen Sprache. Es ist wie ein Muskelspiel, nur dass der Muskel hier die Zunge ist. Wenn es sich dabei nicht um verbale Gewalt handelt, die ihre Ergänzung in der Folter findet, dann ist das Charakteristikum solcher Sprüche zumindest Willkür, Bedeutungslosigkeit und Unverständlichkeit. Insofern handelt es sich nicht nur um einen Missbrauch, sondern um eine Misshandlung, ja, um eine Folterung der Sprache,[105] so wie Menschen gefoltert werden, und um einen Zusammenbruch der Sprache, so wie Menschen unter Folter zusammenbrechen. Worte brechen zusammen, indem sie ihrer Bedeutung beraubt werden, die Worte nicht nur mit Erfahrungen, sondern die Sprechenden miteinander verbindet. Worte sind somit eine gesellschaftliche Institution. Wir pflegen die Sprache, damit sie etwas bedeutet, und dafür pflegt sie uns und macht uns zu einer Gesellschaft.

Geburt und Tod des Ausdrucks sind, genau wie seine Freiheit und Unterdrückung, politisch abhängig von unserer aktuellen Erfahrung. Die Tyrannei kontrolliert unseren Ausdruck nicht nur durch direkte Verbote, sondern auch durch die Zerstörung unserer Fähigkeit, uns auszudrücken, indem es uns unbeschreibliche und unausdrückbare Erfahrungen aufzwingt. Menschen hervorzubringen, die nicht sprechen oder die nur Bedeutungsloses stammeln können, ist das höchste Ideal moderner Tyrannei. Genau deshalb muss Sprache geschaffen und neu geschaffen werden, muss das Undarstellbare darstellbar gemacht werden. Kreativ zu sein ist politischer Widerstand.

Ein revolutionierter Ausdruck, eine qualitativ neue Darstellung unserer Erfahrungen, würde uns eine wesentlich bessere Position in Bezug auf die Freiheit des Ausdrucks verschaffen. Nur mit einer befreiten Ausdrucks*fähigkeit* können wir äußeren Einschränkungen des Ausdrucks angemessen widerstehen und unser Sprachvermögen erweitern, um uns somit mehr unbeschränkten Raum zu erobern.

Fallen erst einmal die äußeren Einschränkungen, hilft uns dies wiederum sehr dabei, neue Wege entlang von Erfahrungen und Ideen zu finden, was aber noch kein Garant dafür ist, dass wir unsere Ideen so ausgestalten können, dass sie viele Menschen ansprechen. Die Revolution müsste auf zwei Ebenen erfolgen: im Ausdruck und in der Gestaltung. Eine Auseinandersetzung mit neuen, schrecklichen und beispiellosen Erfahrungen ist ebenso notwendig wie eine Erweiterung des zulässigen Formenschatzes und einer Tradition, die sich anderen Kulturen und Sprachen öffnet.

Wäre eine Situation vorstellbar, in der die Probleme des Ausdrucks und der Gestaltung gelöst sind und unsere Kultur so modern wird, dass sie Antworten auf die modernen Spannungen und Konflikte unserer Gesellschaft findet? Kann eine menschliche Gesellschaft eine sprechende sein, die ihre Anliegen durch sprachlichen Austausch löst und dabei gänzlich oder weitgehend alles vermeidet, was eine Gesellschaft traurig oder gewaltbereit werden lässt? Die bekannte Geschichte scheint dafür keine Belege zu liefern. Die Neigung zu Gewalt oder Trauer ist in verschiedenen Gesellschaften jedoch unterschiedlich ausgeprägt, was bedeutet, dass beides immer auch reduzierbar ist. Und wie angedeutet, ist das Vertrauen ins Sprechen und das Bauen auf das gesprochene Wort bei der Identifizierung und Lösung von Problemen umso entwickelter, je weniger Leid die Politik hervorbringt. Es gibt den existenziellen Schmerz, insbesondere den, der mit der Todeserfahrung zusammenhängt (auch mit dem Tod von Nahestehenden), und er ist unvermeidlich, aber selbst angesichts einer solchen »Art des Tötens« können die richtigen Worte heilsam sein. Das sollte uns Ansporn sein, darüber nachzudenken, ob existenzieller Schmerz nicht auch politisch ist.

ANMERKUNGEN

1 Dies ist der fünfte von acht »Essays an Samira«, vom Verfasser seiner verschleppten Frau Samira al-Khalil gewidmet; erstmals publiziert im Jahr 2018.

2 Das Foltergefängnis von Palmyra (Gefängnis Tadmur) wurde 2015 von Anhängern der Terrormiliz Islamischer Staat in die Luft gesprengt. (Anm. d. Red.)

3 Gitta Sereny, *Am Abgrund. Eine Gewissensforschung. Gespräche mit Franz Stangl, Kommandant von Treblinka*, Frankfurt a. M., Berlin 1979, S. 104, zitiert in Eva Fogelman, »Rape during the Nazi-Holocaust. Vulnerabilities and Motivations«, in: Carol Rittner u. John K. Roth (Hg.), *Rape. Weapon of War and Genocide*, Saint Paul, MN, 2012, S. 15–28, hier S. 25.

4 Primo Levi, *Die Untergegangenen und die Geretteten*, München [5]2021, S. 131, zitiert in Fogelman, »Rape during the Nazi-Holocaust«, S. 25.

5 Siehe hierzu den Bericht von Human Rights Watch, »If the Dead Could Speak. Mass Deaths and Torture in Syria's Detention Facilities«, in: *Human Rights Watch* (Dezember 2015), {www.hrw.org/report/2015/12/16/if-dead-could-speak/mass-deaths-and-torture-syrias-detention-facilities}, letzter Zugriff 24.7.2023, sowie Garance Le Caisne, »›They were torturing to kill.‹ Inside Syria's death machine«, in: *The Guardian* (1.10.2015), {www.theguardian.com/world/2015/oct/01/they-were-torturing-to-kill-inside-syrias-death-machine-caesar}, letzter Zugriff 24.7.2023, und ihr Buch *Operation Caesar. At* the *Heart of the Syrian Death Machine*, London 2017.

6 Samantha Falciatori, *International Crimes in Syria. Options for Accountability and Prosecution*, 2016 (MA-Thesis).

7 Jodi Rudoren, »Israeli Helped Inspire U.S.-Russia Weapons Deal With Assad«, in: *The New York Times* (15.6.2015), {www.nytimes.com/2015/06/16/world/middleeast/israeli-helped-inspire-us-russia-weapons-deal-with-assad-memoir-says.html}, letzter Zugriff 24.7.2023.

8 Jean Améry, »Die Tortur«, in: *Merkur* 208 (1965), S. 623–638, hier S. 629.

9 Fogelman, »Rape during the Nazi-Holocaust«, S. 22.

10 Siehe hierzu das Buch von Nadia Murad, die als Jesidin verschleppt und vergewaltigt wurde und der die Flucht vor dem IS gelang: Nadia Murad u. Jenna Krajeski, *Ich bin eure Stimme. Das Mädchen, das dem Islamischen Staat entkam und gegen Gewalt und Versklavung kämpft*, München 2017.

11 Der Wirtschaftszweig »Politische Gefangene« unter Assad ist noch längst nicht hinreichend untersucht. Eine solche Untersuchung würde belegen, dass es einen Zusammenhang gibt zwischen der Verhaftung einzelner Bürger, um Geld von ihren Angehörigen zu erpressen, und der Privatisierung des syrischen Staates, die eine neue, barbarische Aristokratie hervorgebracht hat. Zu Faisal Ghanim siehe Mustafa Khalifas Roman *Das Schneckenhaus* (Bonn 2019). Ghanim häufte durch die Erpressung von Angehörigen von Gefangenen 650 Kilogramm Gold an, bis ein Nachfolger übernahm. Siehe zum Thema auch den einschlägigen Artikel von Sultan Halabi auf www.syriauntold.com.

12 Khleif kam bei einem Gefangenenaustausch mit dem Regime frei und heiratete. Ihr zweiter Mann beschreibt sie als »Krone auf meinem Haupt«. Zu seiner Geschichte gibt es ein bewegendes Video: {youtube.com/watch?v=X6gq99BetH8}, letzter Zugriff 24.7.2023. Khleif hat vier Kinder, eines davon aus zweiter Ehe, und gibt an, sie erziehe sie dazu, ein neues Syrien aufzubauen.

13 In dem Video ({youtube.com/watch?v=x_Urso0gWzA}, letz-

ter Zugriff 24.7.2023) sagt er: »Sie brachten einen Metallring, in den sie mein Glied steckten, während die Hand des ihn Festhaltenden sich bewegte. Dann drückten sie den Ring immer enger zusammen, was schrecklich schmerzte. Sie drohten mir mit der Abtrennung meines Glieds, wenn ich nicht alles gestände. Daraufhin gestand ich alles, was sie von mir verlangten, zumal sie nun auch einen Spieß brachten, wie er Gefangenen in den Anus gesteckt wird, um sie zu Geständnissen zu zwingen.«

14 Amnesty International, »Syria. Human Slaughterhouse. Mass hangings and extermination at Saydnaya Prison, Syria«, in: *Amnesty International* (7.2.2017), {www.amnesty.org/en/documents/mde24/5415/2017/en/}, letzter Zugriff 24.7.2023.

15 So ganz anders ist er gar nicht, denn Snyder spricht hier von Russland unter Putin: Timothy Snyder, »Vladimir Putin's politics of eternity«, in: *The Guardian* (16.3.2018), {www.theguardian.com/news/2018/mar/16/vladimir-putin-russia-politics-of-eternity-timothy-snyder}, letzter Zugriff 24.7.2023.

16 Bernhardt J. Hurwood, *Torture Through the Ages. The Infamous History Of Man's Cruelty To Man*, London 1969.

17 Vgl. die Einteilung von Folter für die abbasidische Zeit von Hadi al-Alawi, *Min Tarikh al-Ta'dhib fi al-Islam* (»Über die Geschichte der Folter im Islam«), Damaskus 2004, S. 14.

18 Auf Arabisch *'urfi*, was im syrischen Kontext bedeutet, dass Menschen ohne ein ordnungsgemäßes Verfahren verhaftet werden können und für eine unbestimmte Zeit (in meinem persönlichen Fall elf Jahre und vier Monate) in Haft bleiben können, ohne dass ein Gerichtsverfahren eingeleitet wird.

19 Daraus ergibt sich – ganz abgesehen davon, dass das, was man von Gefolterten an tatsächlichen Informationen erhält, in ein toxisches Umfeld sozialer Interaktionen gepflanzt

wird, die möglicherweise etwas mitverursacht haben, das jetzt »ermittelt« wird – eine schwierige Frage: Wie kann eine Herrschaft, die auf Folter beruht, sich selbst so betrügen, dass sie sich mit verfälschten Aussagen abfindet, die den Opfern abgerungen wurden und nur selten wahr sind? Ist damit nicht das Konzept der Ermittlungsfolter insgesamt in Zweifel gezogen, da man sagen könnte, dass gerade in diese Folter auch der Wille hineinwirkt, Angst und Demütigung zu erzeugen, wenn es sich nicht gleich um eine andere Art von Hinrichtung handelt? Vielleicht hängt die Beharrlichkeit, mit der Folter angewandt wird, auch damit zusammen, dass sie in nicht minderem Maße gegen die Folterer und die Folteragenturen selbst gerichtet ist, die in Syrien Sicherheitsabteilungen heißen, sodass das Regime vermittels allgegenwärtiger Einschüchterung und Angst zusammengehalten wird.

20 Siehe Hurwood, *Torture Through the Ages*, sowie mein Buch übers Gefängnis *Bi-l-Khalās Yā Shabāb. 16 ʿĀmman fi l-Sujūn al-Sūriyya* (»Auf baldige Erlösung, Jungs. 16 Jahre in syrischen Gefängnissen«), Beirut 2012.

21 In all ihren Formen ist Folter im Kern eine Verletzung der Menschenwürde, was genügt, sie zu kriminalisieren und zu verbieten. Es kann keine legitime Folter geben und keine Legitimität, die auf Folter gründet. In der entsprechenden Konvention haben die Vereinten Nationen zum Internationalen Tag der Menschenrechte 1984 zu Recht unter Folter auch »andere grausame, unmenschliche oder erniedrigende Behandlung oder Strafe« gefasst.

22 Padraic Kenney, *Dance in Chains. Political Imprisonment in the Modern World*, Oxford 2017, S. 53.

23 Wenn jedoch Unglückliche, die Regimeschergen in die Hände fallen, gezwungen werden, das islamische Glaubensbekenntnis zu »Es gibt keinen Gott außer Bashar« abzu-

ändern, so drückt sich darin keine religiöse Hingabe aus, sondern nichts anderes als Folter. Statt dass einem die Haut abgerissen wird, wird einem quasi die Seele ausgerissen. Die Vergötterung Bashar al-Assads ist jedoch bereits von Grund auf mit der Produktionsweise einer Macht überzogen, die auf Folter beruht. Dass verlangt wird, Assad explizit Göttlichkeit zuzuerkennen, ist die theatrale Umsetzung der Theorie von der Produktion einer Foltermacht.

24 Améry, »Die Tortur«, S. 633.

25 Simone Weil, »Die Ilias oder das Poem der Gewalt [1940/41]«, in: dies., *Krieg und Gewalt. Essays und Aufzeichnungen*, Zürich 2011, S. 161–191.

26 Die Identifikation schwindet, je mehr die Folterer foltern und je tiefer die Folter als soziale Beziehung verankert wird. Und wie kaum anders zu erwarten, werden soziale Beziehungen da, wo Folter herrscht, tendenziell zu Herrschafts- und Abhängigkeitsbeziehungen, ja, die Gesellschaft an sich verschwindet mehr oder weniger zugunsten von in sich geschlossenen Zirkeln.

27 Hannah Arendt, *Elemente und Ursprünge totaler Herrschaft. Antisemitismus, Imperialismus, totale Herrschaft,* München [24]2022, S. 907–942, insb. S. 908.

28 Der Bericht erschien im September 2013, etwa drei Monate vor Razans Verschleppung in Duma. Razan Zaitouneh, »Rihlat al-Hurūb min al-Jahīm« (»Eine Flucht aus der Hölle«), in: *vdc-sy.info* (2013), {www.vdc-sy.info/index.php/ar/reports/1379156802#.YxdauXZBxPZ}, letzter Zugriff 8.8.2023.

29 Arendt, *Elemente und Ursprünge des Totalitarismus*, S. 581 f.

30 In Syrien wird zu einem Gefolterten, der nicht gesteht, oft gesagt, er quäle seinen Folterer. Ali Bahlul lässt dementsprechend in einer fiktiven Szene einen Geheimdienstoffizier den Gelehrten al-Jahiz foltern und ihn zu ihm sagen: »Du

willst uns hier wohl quälen!« (Siehe Ali Bahlul, »Imāmat al-Junūn« [»Das Imamat des Wahnsinns«], in: *al-Jumhuriya* (29.5.2019), {aljumhuriya.net/ar/2019/05/29/إمامة-الجنون/?_ga=2.115587462.129710448.1656327263-515300710.1575025932}, letzter Zugriff 8.8.2023.)

31 Im Arabischen kann das Verb *i'tarafa* sowohl »gestehen« als auch »anerkennen« bedeuten. Ein Geständnis unter Folter ist nicht gleichbedeutend damit, sich selbst zu bezichtigen oder seine Kameraden zu verraten, sondern bedeutet auch, die Überlegenheit des Folternden und der Folterwerkzeuge anzuerkennen. Sich »entfalten« und »singen wie eine Nachtigall« sind Begriffe aus dem Sprachgebrauch der Folternden in Syrien.

32 Giorgio Agamben, *Homo Sacer. Die souveräne Macht und das nackte Leben*, Frankfurt a. M. [11]2016, S. 124; siehe hierzu auch Dan Stone, »Biopower and Modern Genocide«, in: A. Dirk Moses, *Empire, Colony, Genocide. Conquest, Occupation and Subaltern Resistance in World History*, New York, Oxford 2008, S. 162–179, hier S. 162.

33 Siehe hierzu den Aufsatz von Hasan al-Naifi zum Ramadanfasten im Gefängnis von Palmyra, »Tuqūs Ramadhānīya fi Sijn Tadmur« (»Ramadan-Rituale im Tador-Gefängnis«), in: *Syria Television* (5.5.2020), {www.syria.tv/طقوس-رمضانية-في-سجن-تدمر}, letzter Zugriff 8.8.2023. Der Autor verbrachte dort sechs Jahre.

34 Der Sexualakt ist in vielen Gesellschaften der heutigen Welt, und in unseren nahöstlichen ganz besonders, ein Akt der Beherrschung und der Besitznahme, nicht einer von Partnerschaft, beiderseitiger Lust und wechselseitiger Anerkennung. Insofern kann ich mir nicht vorstellen, dass ein Folterer und Vergewaltiger mit seiner Frau in einer Weise geschlechtlich verkehrt, bei der es sich von ihrer Natur her nicht ebenso um Vergewaltigung und Beherrschung handelt.

35 Siehe Améry, »Die Tortur«, S. 628 f.

36 Wobei man nicht vergessen darf, dass die Machtfabrik Palmyra eine strategische Tiefe in Gestalt des Assad-Staates besaß und, wenn es sein musste oder aus reiner Willkür, Spezialkommandos einrücken und die Häftlinge in ihren Zellen ermorden lassen konnte, wie es etwa am 26. Juni 1980 geschah.

37 Étienne de La Boétie, *Abhandlung über die freiwillige Knechtschaft*, Innsbruck 2016.

38 Eine nicht weniger wichtige Rolle für die Fortdauer spielen die Nationalideologie sowie die Verteilung von Pfründen, aber die Folter ist grundlegend für den Zusammenhalt des Regimes.

39 Murad u. Krajeski, *Ich bin eure Stimme*. Nadias Geschichte ist bedrückend. Die Autorin beschreibt, wie die Verschleppung und Vergewaltigung von Frauen die Fortsetzung des Mordes an den Männern war und beides zum Genozid gehörte. Sie hat mit ihrem Bericht ein stolzes Zeugnis von der jesidischen Gesellschaft abgelegt, das noch dadurch aufgewertet wurde, dass sie 2018 den Friedensnobelpreis miterhielt.

40 Nicholas Robins u. Adam Jones (Hg.), *Genocide by the Oppressed. Subaltern Genocide in Theory and Practice*, Bloomington, IN, 2009, S. 61.

41 Samira al-Khalil, *Yawmiyyāt al-Hisār fi Dūma 2013* (»Tagebuch der Belagerung von Duma 2013«), Beirut 2016, S. 75 f.

42 Ein Prügelwerkzeug, dessen Material aus Reifen gewonnen wird. Es ist vierfach, weil vier Streifen dieses Materials miteinander verflochten werden. Dieser schwarze, steife Knüppel war das Standard-Folterwerkzeug im Gefängnis von Palmyra. Die Schläge mit ihm sind äußerst schmerzhaft.

43 Eine solche Abteilung kann sehr groß sein, wie die jeweiligen Zentralstellen in Damaskus, oder kleiner, wie die Unterabteilung der militärischen Sicherheit in Raqqa, aber in jedem Fall werden dort Verhaftungen und Folter organisiert.

44 Man muss schon Bashar al-Assad sein, um Folter in Syrien verleugnen zu können und damit zu verleugnen, was seine Folterer dabei »erleiden«. Das Assad-Regime verblüfft in seiner Unverschämtheit und Würdelosigkeit und seiner Bereitschaft, etwas zu behaupten, von dem alle Syrer wissen, dass es gelogen ist. Aber man kann dieses Regime nicht beleidigen, weil es seit seinem Bestehen selbst ein Sinnbild für Beleidigung ist. Vgl. dazu das Interview von *Russia Today* mit Bashar al-Assad vom November 2019 (eine englische Umschrift des Interviews ist auf der Website von SANA [Syrian Arab News Agency] verfügbar unter {sana.sy/en/?p=178031}, letzter Zugriff 8.8.2023). Immerhin war er darin noch so höflich, nicht zu sagen, es sei ihm eine Qual, die Syrer zu regieren, wie es seine Folterer zu ihren Gefolterten sagen.
Es gibt eine kleine Bibliothek von syrischer Gefängnisliteratur, Bücher, die von ehemaligen Gefangenen geschrieben wurden. Alle von ihnen geben an, gefoltert worden zu sein. Die *Caesar Files*, welche zigtausende zu Tode gefolterte Menschen zeigen, sind zudem weltweit bekannt geworden. Siehe Garance Le Caisne, *Codename Caesar. Im Herzen der syrischen Todesmaschinerie*, München 2016. Hinzu kommen Dutzende Menschenrechtsberichte von Organisationen wie Amnesty International (»Human Slaughterhouse«) oder Human Rights Watch (Ole Solvang, Anna Neistat u. Anonym, »Torture Archipelago. Arbitrary Arrests, Torture, and Enforced Disappearances in Syria's Underground Prisons since March 2011, in: *hrw.org* (3.7.2012), {hrw.org/report/2012/07/03/torture-archipelago/arbitrary-arrests-torture-and-enforced-disappearances-syrias}, letzter Zugriff 8.8.2023).

45 Améry, »Die Tortur«, S. 630.

46 Siehe hierzu grundlegend über Macht- und Wissensbildung nach kolonialem Vorbild Aníbal Quijano u. Michael Ennis, »Coloniality of Power, Eurocentrism and Latin America«,

in: *Nepantla: Views from South* 1, 3 (2000), S. 533–580. Macht und Wissen werden nach dem kolonialen Modell produziert. Durch diese koloniale Konstruktion von Macht kann man demnach sagen, dass der Kolonialismus nicht geendet hat.

47 So brachte Hillary Clinton als US-Außenministerin einmal zum Ausdruck, wie sehr ihr an der »Sicherheitsinfrastruktur« des Regimes von Assad gelegen sei, den sie ansonsten verabscheute. Hilary Clinton, *Entscheidungen*, München 2014, insb. S. 671–706.

48 Man könnte hier an Massengräber und an die ungeheure Demütigung von Gefangenen, wie sie in den *Cesar Files* und anderswo deutlich wird, denken sowie an die Vertuschung von Informationen über das Schicksal von Gefangenen vonseiten des Regimes, um zu verhindern, dass die Toten sichtbar werden, zur Schaffung eines Graubereichs, über den man nichts Genaues sagen kann. Die Toten werden gleichsam in einen Zustand von vogelfreien Menschen *(homo sacer)* gebracht, deren Tod nicht einmal als ein Opfer Wert hat.

49 Améry bezieht sich auf den kugelsicheren Glaskasten, in dem Eichmann während seines Prozesses in Jerusalem saß. Améry, »Die Tortur«, S. 626.

50 Insoweit markiert auch der »symbolische Henker« keinen entscheidenden Unterschied. Abgesehen davon, dass er keine Körper hat, die er quälen kann, im Gegensatz zum eigentlichen Folterer, hat er auch keine Geschichte zu erzählen. Er verharrt in der Pose der symbolischen Folterung der Gegner des Folterstaates und wiederholt das immer Gleiche, weil er keine Geschichte hat. Zum »symbolischen Henker« (Regimepropagandisten etc.) siehe meinen Artikel »Wuhūh al-Jallād wa-'Ālamuhu« (»Die Gesichter und die Welt des Henkers«), in: *aljumhuriya.net*, {aljumhuriya.net/ar/2016/09/30/35581/}, letzter Zugriff 6.9.2023.

51 Die meisten der Vermissten wurden wahrscheinlich in Palmyra hingerichtet.

52 Primo Levi, *Ist das ein Mensch? Ein autobiographischer Bericht*, München [7]2017, S. 14.

53 Louis Althusser, *Die Zukunft hat Zeit. Die Tatsachen*, Frankfurt a. M. 1998.

54 Untermauert wird das Initiativhafte und Kreative in den Beschreibungen in Mustafa Khalifas bereits erwähntem Roman über das Gefängnis von Palmyra *Das Schneckenhaus*, in Faraj Bayrakdars *Spiegel der Abwesenheit* (Tübingen 2013), in Bara Sarrajs »From Tadmor to Harvard« (o. O. 2016) und in Maʿbad al-Hassuns *Qabla Hulūl al-Zhalām, hīna yasīr al-dam mā'* (»Vor Einbruch der Dunkelheit, wenn Blut zu Wasser wird«), Aleppo 2019.

55 Der *Guardian* hat den Ausdruck wohl als erstes Medium verwendet, siehe Ian Black, »Syrian regime document trove shows evidence of ›industrial scale‹ killing of detainees«, in: *The Guardian* (21.1.2014), {www.theguardian.com/world/2014/jan/20/evidence-industrial-scale-killing-syria-war-crimes}, letzter Zugriff 8.8.2023.

56 Siehe hierzu die *Caesar*-Fotos, die eine solche Nummerierung belegen. Zudem scheinen Berichte bezüglich der Mord-»Produktivität« an übergeordnete Stellen geschrieben zu werden.

57 Siehe Amnesty International, »Human Slaughterhouse«, S. 17.

58 Siehe hierzu Christopher Browning, *Ganz normale Männer. Das Reserve-Polizeibataillon 101 und die »Endlösung« in Polen*, Reinbek 1993. Der Autor dokumentiert die Erschießung von Juden durch ein Polizeibataillon aus Männern, die aus Altersgründen nicht zum Militärdienst herangezogen werden konnten und die im Hintergrund der vorrückenden Wehrmacht arbeiteten.

59 Siehe Levi, *Ist das ein Mensch?*, S. 43.

60 Gustaw Herling, *Welt ohne Erbarmen*, München 2000.

61 Siehe hierzu meinen Artikel »An Image, Two Flags, and a Banner« in dem Buch *The Impossible Revolution. Making Sense of the Syrian Tragedy*, London 2017, S. 157–174. Mit »Aslamisten« meine ich jene, die das Wort »Assad« in den Regimeparolen (»Assad oder keiner!«, »Assad oder wir brennen das Land nieder« etc.) mit »Islam« ersetzten: »Islam oder niemand!« Um die Abwandlung zu verdeutlichen, schreiben sie zuweilen tatsächlich »Aslam« statt »Islam«.

62 Siehe Amnesty International, »Human Slaughterhouse«, S. 33.

63 Hafiz al-Assad hat einmal persönlich, als die Verlobte eines gefangenen linken Oppositionellen Zugang zu ihm bekam, dessen Verhaftung so begründet: »Wenn einer kommt und sagt, geh weg, ich möchte deinen Platz einnehmen, was soll man da machen?« Der Häftling, um den es ging, wurde, wie er mir in einem persönlichen Gespräch berichtete, nach zwölf Jahren Haft vor das Oberste Staatssicherheitsgericht in Damaskus gestellt und zu fünfzehn Jahren Haft verurteilt, die er vollständig absitzen musste, bevor er freikam. Seine Verlobte hatte ihn schon Jahre zuvor verlassen.

64 Nebenher möchte ich anmerken, dass im Bericht von Human Rights Watch von Ende 2011 davon die Rede ist, das Gefängnis von Palmyra sei »wieder in Betrieb genommen« worden und es hätten sich damals um die 2500 Gefangene darin befunden. Hier fehlen allerdings Informationen, wie das Gefängnis bei seiner Wiederinbetriebnahme geführt wurde und ob darin Hinrichtungen stattfanden, und es bleibt unklar, wann es vor der Übernahme der Stadt Palmyra durch den IS geräumt wurde.

65 Siehe hierzu Yassin al-Haj Saleh, *As-Sultan al-Hadith*, Beirut 2020, S. 27–95.

66 Siehe {www.baheth.info/}, letzter Zugriff 1.9.2023.

67 Saleh, *As-Sultan al-Hadith*, S. 119–135.

68 Siehe dazu den Artikel »Al-Asad yuhajjir Dārayyā ...wa-yusallī l-'īd fīhā« in: *Al-Arabi al-Jadid* (12.9.2016).

69 »Kalima li-Bashār al-Asad al-Ra'īs all-Sūrī khilāl Mu'tamar al-Khārijīya wal-MMughtaribīn«, in: *YouTube* (20.8.2017), {youtube.com/watch?v=MCCD8erT6e4}, letzter Zugriff 8.8.2023.

70 Abwertende Bezeichnung für Alawiten. Anm. d. Ü.

71 Amnesty International, »Human Slaughterhouse«, S. 6. Das Römische Statut des Internationalen Gerichtshof ist nachzulesen auf {www.un.org/depts/german/internatrecht/roemstat1.html#T26}, letzter Zugriff 15.8.2023.

72 Thomas Friedman war davon beeindruckt. 1989 schrieb er, Hafiz al-Assad habe in Hama in einem Monat erledigt, was im Libanon 14 Jahre lang gedauert habe (Nikolaos Van Dam, *Destroying a Nation. The Civil War in Syria*, London, New York 2017, S. 53. Van Dam stimmt Friedman hierin übrigens implizit zu). Bis heute halten faschistische Regimefanatiker an dieser Überzeugung fest, so zum Beispiel Jamil Hassan, einer der schlimmsten Mörder des Regimes und seines Zeichens Chef des Luftwaffengeheimdienstes, der für brutalste Folter und Mord verantwortlich ist, in einem Interview mit Robert Fisk, einem britischen Journalisten, der Regimetruppen begleitet hatte, als sie im Sommer 2012 das Massaker von Dārayyā anrichteten. Robert Fisk, »Tougher tactics would have ended Syrian war, claims the country's top intelligence general«, in: *The Independent* (27.11.2016), {www.independent.co.uk/news/world/middle-east/syria-war-aleppo-exclusive-top-syrian-general-robert-fisk-tougher-tacts-a7442161.html}, letzter Zugriff 10.8.2023.

73 Je weiter wir in Syrien ins Zentrum der Macht vordringen, desto deutlicher tritt die Diskriminierung zutage. Der Assad-

Staat ist ein Filter; in seinen zentralen Kreis gelangen nur die vertrautesten Gläubigen.

74 Der Amnesty-Bericht thematisiert nicht die Beziehung zwischen Vernichtung und Rassismus in Syrien – das ist von einem solchen Bericht auch nicht zu erwarten –, aber an einer Stelle weist er auf einen konfessionellen Aspekt hin, nämlich dort, wo er davon handelt, wer jeweils in die Hinrichtungsräume gebracht wird.

75 Assads Rede vom 26. Juli 2015 ist zu finden auf {sana.sy/?p=245771}, letzter Zugriff 12.9.2023.

76 Selbstverständlich gab es bereits zuvor, schon vor dem Ende des Kalten Krieges, Islamophobie. Sie schlug sich in einem ausgeprägt negativen Bild arabischer Muslime in Medien und Künsten nieder (insbesondere im amerikanischen Kino), das, wie Edward Said in seinem berühmten Buch aufgezeigt hat, im Orientalismus wurzelte. Und auch die modernistische Tendenz (eine Mischung aus Liberalismus, Säkularismus und westlichem Mittelklasse-Lebensstil), die ab Mitte der Neunzigerjahre in der syrischen Kultur in einer quasi-ideologischen kulturalistisch-säkularen Gestalt aufkam, stand dem zunehmenden Rassismus in Syrien beziehungsweise dem Übergang von überkommenen gesellschaftlichen Rangabstufungen hin zu sozialen Privilegien und zivilisatorisch begründeten Hierarchien nicht entgegen. Zudem glaube ich, dass die Arbeiten von Autoren wie George Tarabishi und Adonis zu diskriminierenden Theorien beitrugen und vielen Syrern Bedenken nahm, sich dieser zu bedienen.

77 {www.aljazeera.net/news/2017/2/20/ تفزة-لمارين-لوبان-في-لبنان تصريحات-مس}, letzter Zugriff 1.9.23.

78 Wörtlich sagte sie: »Assad stellt für Frankreich heute eine vertrauenswürdigere Lösung dar.« Außerdem verwies sie auf seine »Realpolitik«. Le Pens Besuch erfolgte kurz nach dem Erscheinen des Amnesty-Berichts über das »Schlachthaus Saydnaya«.

79 Ich habe die »islamische Frage« ausführlich in meinem Buch *Al-Imbiriyālīyūn al-Maqhūrūn. Fī l-Mas'ala al-Islāmīya wa-Zhuhūr Tawā'if al-Islāmīyīn* (»Die unterdrückten Imperialisten. Die islamische Frage und die Entstehung islamistischer Konfessionen«), Beirut 2019, v. a. S. 79–135, behandelt.

80 Husam Tammam, *Tasalluf al-Ikhwān*, zu finden auf: {books4arabs.com/B4/244.pdf}, letzter Zugriff 13.9.2023.

81 Ahmed Ibrahim, »Da'esh and the Gorge«, in: *alhumhuriya.net* (3.8.2015), {aljumhuriya.net/en/2015/08/03/daesh-and-the-gorge/}, letzter Zugriff 22.8.2023.

82 Palästinensischer Syrer, geb. 1950, Mitglied einer kommunistischen Organisation, verübte 1975 einen antiamerikanischen Anschlag in Damaskus. Genossen von ihm wurden hingerichtet, er verbüßte fast 29 Jahre in Haft. 2004 kam er frei und starb 2009. Er war einer der engsten Mitstreiter von Razan Zaitouneh, die Ende 2013 verschleppt wurde.

83 Syrischer Marxist und Panarabist, 1927–1991, Verfasser zahlreicher Bücher.

84 Ich verweise hier auf Carl Schmitts Souveränitätsbegriff, demzufolge der Ausnahmezustand in einem Staat zu so etwas wie einem religiösen Wunder gemacht wird, sowie auf Giorgio Agambens Gedanken dazu, der den Ausnahmezustand heute als den Normalzustand definiert. Siehe Carl Schmitt, *Politische Theologie. Vier Kapitel zur Lehre von der Souveränität*, Berlin [11]2021, sowie Giorgio Agamben, *Ausnahmezustand. Homo Sacer* II.1, Frankfurt a. M. 2004.

85 Abounaddara Film, »Wir sterben«, in: *Die Zeit* (28.4.2016), {www.zeit.de/2016/19/syrien-opfer-bilder-persoenlichkeitsrechte-wuerde-filmemeacher-abounaddara}, letzter Zugriff 22.8.2023.

86 Die geistige und kulturelle Entwicklung im Westen, so glaube ich, lässt sich seit mindestens einer Generation unter dem Aspekt der Abschottung verstehen. Man lebt dort in geord-

neten Verhältnissen, ist in der Lage, die eigene privilegierte Lage abzusichern, muss sich kaum sorgen und sieht sich nicht dazu gedrängt, sich selbst und seine Umgebung zu verändern. Zu dieser Abschottung gehört es, dass man in Texten und Diskursen lebt, anstatt die Welt, wie Marx es ausdrückte, zu verändern, und alles eine Frage der Interpretation wird.

87 Aktivist und Autor aus Dārayyā, Mitbegründer der Lokalen Koordinationsräte und Herausgeber der Revolutionszeitschrift *Tla'na 'al-Hurriye* (»Heraus zur Freiheit«). Usama Nassar lebte mit seiner Frau Maimuna al-Ammar und Tochter Imar von 2013 bis 2018 unter Belagerung in Duma. Sie gehörten zu den Letzten, die die Gegend verließen und leben heute in der Türkei.

88 Der siebte von acht »Essays an Samira« von 2018.

89 Die Verbindung von Imitation und Darstellung geht auf Erich Auerbach und sein Buch *Mimesis. Dargestellte Wirklichkeit in der abendländischen Literatur* (1949) zurück, das er, exiliert aus dem nationalsozialistischen Deutschland, in Istanbul schrieb. Walter Benjamin sprach einmal in einem kleinen Artikel von 1933 vom »mimetischen Vermögen«, und es ist gut möglich, dass Auerbach, ein Freund Benjamins, ihm hier etwas abgeschaut hat, sind doch auch bei Benjamin Imitation und Darstellung miteinander verbunden.

90 »Leid« meint hier nicht unseren Weltschmerz oder unsere Schmerzen in der Welt, sondern unser Sein auf der Welt, unsere Erfahrung davon und unsere Auseinandersetzung damit. Und dies hat aufs Engste mit Existenzerfahrung zu tun.

91 Und zu dieser religiös begründeten Einschränkung der Mittel zur Darstellung der Welt kommt noch ein heftiger Druck auf sprachliche Darstellungen hinzu, sodass das Arabische selbst verarmt, es nur begrenzt darstellend benutzt werden kann und das Vertrauen in die Sprache insgesamt abnimmt.

92 Muhammad 'Ābid al-Jābiri, *Naqd al-'Aql al-'Arabi*, Beirut 1984.

93 Die Welt des politischen Ausdrucks hat in jedem Fall mit heutigen Erfahrungen zu tun, welche politisch sind, selbst dann, wenn sie nicht im selben Maß brutal sind wie das, was wir in Syrien erleben. Es sind Erfahrungen, die vom jeweiligen Staat und seiner Ordnungsmacht abhängen, die mit den Handlungen öffentlicher Akteure, mit Einkommensverhältnissen und Lebensmöglichkeiten, mit der Welt und den Einschränkungen von Bewegungsfreiheit und Veränderungsmöglichkeiten darin zu tun haben.

94 'Abdullāh al-'Urwi, *al-Sunna wa-I-Islāh* (»Sunna und Reform«), Casablanca 2008.

95 Vermutlich liegt diese Frage außerhalb des Bereichs der »Heritage Studies« und ist eher als historisches Thema zu verorten.

96 Hannah Arendt, *Vita activa oder Vom tätigen Leben*, München, Zürich [8]1994, S. 72 f.

97 Gewissen erwächst aus einem Nachdenken im Sinne eines stummen Zwiegesprächs und aus Selbstdisziplinierung. Die besten Voraussetzungen für ein Wachsen dieser gesellschaftlichen Kraft bestehen dann, wenn wir jeweils selbst zusammenhalten (näher ausgeführt in meinem Essay »Al-Dhamīr al-Khārijī. Fī Usūl al-Sharr al-Siyāsī« [»Das äußere Gewissen. Grundlagen des politischen Bösen«], in: *aljumhuriya.net* (14.7.2017), {aljumhuriya.net/ar/2017/07/14/28443/}, letzter Zugriff 13.9.2023).

98 Siehe {archive.org/detail/yousoufey10_gmail_20180623/page/n21/momde/2up}, letzter Zugriff 13.9.2023.

99 Hannah Arendt, *Vom Leben des Geistes*, München 1979, S. 122 f. Zu Arendts Vorstellung vom Denken siehe meinen Essay *Die Stimmen der Absenten. Ideen für ein erneuertes Denken* (in Vorbereitung).

100 Es sind vielleicht gar nicht so wenige, deren Verwundungen Licht eingelassen haben, und es geht dabei sicherlich nicht

nur um etablierte Schriftsteller und Künstler. Die Volkskultur, die wir verdrängt und vergessen haben, könnte mehr als alles andere ein solches Licht sein, das vielen Menschen einen Weg weist.

101 Man ist versucht, anzunehmen, dass in den modernen westlichen Gesellschaften Sprache ganz besonders gepflegt wird, dass man sich dort der geistigen Funktion und der Überzeugungskraft der Worte annimmt und es damit schafft, das Gewaltlevel niedrig zu halten, und die Menschen dadurch weniger traurig als anderswo sind.

102 So beschreibt der Historiker Abdallah Laroui den Mechanismus der »Sunnisierung« bzw. der Traditionsbildung in seinem Buch »Sunna und Reform«. Ich erinnere an seine Analyse nicht nur, um strukturell *Sunna* und das Verhindern eines innovativen Effekts abweichender Erfahrungen durch unspezifische Worthülsen gleichzusetzen, sondern auch, um darauf zu verweisen, welch ausgeprägten religiösen Bezug viele der erstarrten Phrasen haben, die wir benutzen.

103 Unsere ideologisch festgelegten Reflexe auf viele unserer Erfahrungen geben diesen wiederum eine ähnlich unspezifische Wirkung.

104 Die Hürden dafür sind in der Diaspora weniger hoch, weil dort der Ausdruck weniger stark eingeschränkt ist und man weniger Selbstzensur üben muss und weil die Fremde einen Abstand bietet, der eine Rekonstruktion der Erfahrung erleichtert. Zudem bieten die Fremdsprache und die in den Asylländern gegebenen anderen Ausdrucksmittel gegebenenfalls Chancen, das eigene Erbe zu erweitern.

105 Kaum eine Vokabel im Syrien unter Assad entkam solcher Folter und solchem Zusammenbruch, weder »Heimat«, »Freiheit«, »Sozialismus«, »Staat«, »Demokratie«, »nationale Einheit«, »Sicherheit« noch »Presse« oder anderes.

Yassin Al-Haj Saleh, 1961 in Raqqa geboren, studierte zunächst Medizin, bevor er 1980 als Mitglied des demokratischen Flügels der Kommunistischen Partei wegen seiner Opposition gegen das Assad-Regime verhaftet wurde und 16 Jahre in syrischen Gefängnissen verbrachte. 2013 wurde seine Frau Samira in einem Vorort von Damaskus entführt und ist bis heute verschwunden. Saleh lebt seit 2013 im Exil, zunächst in Istanbul und seit 2017 in Berlin.

Günther Orth, 1963 in Ansbach geboren, studierte Islamwissenschaft, Geografie und Soziologie in Erlangen. Er promovierte zur modernen Literatur des Jemen. Orth lebt als Dozent für Übersetzung und Deutsch als Fremdsprache, Dolmetscher und Übersetzer für Arabisch in Berlin.

Diese Publikation wurde vom Writers-in-Exile-Program des PEN gefördert.

Erste Auflage Berlin 2023
Copyright der deutschen Ausgabe © 2023
MSB Matthes & Seitz Berlin
Verlagsgesellschaft mbH
Großbeerenstraße 57A | 10965 Berlin
info@matthes-seitz-berlin.de

Copyright der Originalausgabe
الفظيع وتمثيله
مُداوَلاتٌ في شَكْلِ سُوريا المُخرَّب وتَشكُّلِها العَسير
© 2021 Yassin Al-Haj Saleh, *Dar al Jadeed*

Alle Rechte vorbehalten, insbesondere die Nutzung des Werks für Text und Data Mining im Sinne von § 44b UrhG.

Umschlag: Dirk Lebahn, Berlin
Satz: Monika Grucza-Nápoles, Gdynia
Druck und Bindung: GGP Media GmbH, Pößneck
ISBN 978-3-7518-2004-2
www.matthes-seitz-berlin.de